Albert Link
Buonanotte und Buonasera

Albert Link

Buonanotte und Buonasera

Zwei Päpste im Vatikan. Eine Reportage

Kösel

Verlagsgruppe Random House FSC® N001967
Das für dieses Buch verwendete FSC®-zertifizierte Papier
Munken Premium Cream liefert *Arctic Paper Munkedals AB,*
Schweden.

Weitere Informationen zu diesem Buch und unserem
gesamten lieferbaren Programm finden Sie unter:
www.koesel.de

Inhalt

Prolog:
»Turbo-Wickeln« für den Papst

Castelgandolfo ist ein kleiner, beschaulicher Ort in den Albaner »Bergen«, die man sich eher als sanfte, grüne Hügelkette rund um einen malerischen See vorstellen kann. Hier verbringen Päpste normalerweise ihre Sommerfrische. Hier atmen sie klarere und kühlere Luft als im stickig-schwülen Rom. Hier tanken sie Kraft für das wahrscheinlich anspruchsvollste (Ehren-)Amt, das die Welt zu vergeben hat.

Immerhin muss kein Stellvertreter Christi auf Erden hier auf seinen bewährten Schutz durch die Schweizergarde und die Vatikan-Gendarmerie verzichten: Die päpstliche Residenz genießt in Italien exterritorialen Status.

Das Städtchen Castelgandolfo ist auch ein Ort der Ruhe, der »Entschleunigung«, wie es neudeutsch heißen würde: Im Vergleich zur hektischen Hauptstadt Italiens reden die Menschen hier nur halb so laut und halb so schnell – was nicht bedeuten muss, dass sie weniger zu sagen haben. Böse Zungen behaupten, sie arbeiten auch höchstens halb so flott. Aber das gilt wahrscheinlich nur für die Gärtner im päpstlichen Park, die mit großer Würde uralte Bäume zurechtstutzen und dabei so in sich zu ruhen scheinen, dass man sie um ihren Job fast beneidet.

Leiser ist auch der Verkehr. Wer aus dem nur 20 Kilometer entfernten Rom kommt, staunt, dass Ampeln und Vorfahrtsschilder hier tatsächlich eine Art Funktion haben. Mit etwas Glück kann man sogar mal eine legale Parklücke ergattern. In Rom findet man traditionell niemals Parkplätze – man *er*findet sie.

Vor dem päpstlichen Schloss ist Fußgängerzone, herrscht himmlische Ruhe. Ein Brunnen plätschert auf der zentralen Piazza, an der es im Prinzip alles gibt, was man im Alltag braucht: eine Gelateria, eine Kirche, eine Postfiliale, eine Bank, dazu ein kleiner Laden, der sogar Milch aus dem nahe gelegenen Päpstlichen Bio-Bauernhof verkauft. Jedenfalls an Einheimische und jenen Teil der Pilger und Touristen, die nicht den unverzeihlichen Fauxpas begehen, nach »Papst-Milch« zu fragen.

Wir sind gut in der Zeit heute, meine Frau Sara und ich, als wir an diesem Septembermorgen 2011 das riesige Holztor passieren, mit dösendem Baby im Arm, vorbei an salutierenden Schweizergardisten.

Heute ist öffentliches Angelus-Gebet (»Der Engel des Herrn …«). Entsprechend groß ist schon der Trubel im Innenhof des Schlosses. Hier und da entdecke ich bekannte Gesichter: Die beiden Kolleginnen aus Polen sind da, die für ihren Bienenfleiß bekannt sind. Der päpstliche Hoffotograf Francesco Sforza plaudert mit einem Agenturkollegen.

Der beim »Osservatore Romano« angestellte Sforza ist ein gutes Beispiel für eine Faustregel, die man im Vatikan schnell lernt: Die Menschen, die wirklich nah dran sind an Benedikt, sind diskret, höflich und bodenständig. Arroganz und Prahlerei mit vermeintlichem Geheimwissen und besonderer Papst-Nähe sind dagegen sichere Hinweise auf die zweite bis letzte Reihe.

Im Castello selbst werden die Stimmen gedämpft, die Schritte gemäßigter. Mit Ausnahme von Privatsekretär Georg Gänswein (Tennisspieler, Ex-Fußballer und Ex-Skilehrer) sind es doch eher betagte Herren und Geistesmenschen, die Papst Benedikt XVI. (bekennender Sportmuffel und Nichtschwimmer) im Alltag umgeben.

Meine Frau stammt von der Mittelmeerinsel Sardinien, wo es als grobe Unhöflichkeit gilt, zu früh bei einer Einladung aufzukreuzen. Aber heute ist dies wohl entschuldbar? Wir sind schließlich nicht bei irgendwem zu Gast, sondern beim 264. Nachfolger des Apostels Petrus.

Leider nicht zum Exklusiv-Interview, von dem jeder Vatikan-Korrespondent heimlich 24 Stunden am Tag träumt. Sondern »nur«, um Benedikt XVI. in einer kurzen Begegnung nach seinem öffentlichen Gebet unsere erst wenige Monate alte Tochter vorzustellen, die uns deutlich glücklicher macht als es die typischen Augenringe nach den ersten Monaten Schlafentzug vermuten lassen würden.

Wir werden in den repräsentativen Schweizersaal im obersten Stockwerk geführt, von wo aus man durchs Fenster den Innenhof aus ungewohnter Vogel-Perspektive überblicken kann. Die vertrauten, fröhlichen Beeee-ne-detto-Rufe sind zu hören. Gleich, Punkt 12 Uhr, wird Benedikt XVI. auf dem Balkon erscheinen.

Etwa ein Dutzend anderer Gäste kämpfen im wohl repräsentativsten Wartesaal der Welt mit ihrer Nervosität, ziehen und zupfen an Haarspangen und Kinderkleidern. Wir sind also nicht die einzige Familie, wenngleich die anderen Bambini deutlich älter sind. Während unsere Blicke ehrfürchtig über prachtvolle Gemälde und antike Möbel schweifen, schaut unsere kleine Tochter unbeeindruckt und vollkommen unbeteiligt drein.

Das ändert sich auch nicht, als ihr ein den Eltern nur allzu vertrautes Geräusch entfährt.

Wir blicken uns an, wissen in dieser Sekunde: Jetzt läuft der Ernstfall-Countdown, über den wir zuvor im Auto noch gescherzt hatten: Was machen wir eigentlich, wenn …? Dem Oberhaupt von 1,2 Milliarden Katholiken ein Baby mit voller Windel unter die Nase halten, scheint uns keine denkbare Option zu sein.

Ein Königreich also für eine Wasch- und Wickelmöglichkeit. Der erste Schweizergardist im Sonntagsdienst, den wir fragen, schüttelt den Kopf, mit einem Gesichtsausdruck, als hätten wir in der Wüste Gobi nach einem Rasenmäher gefragt. Der zweite überlegt einige Sekunden. Dann hat er einen Geistesblitz, nickt uns aufmunternd zu: »Folgen Sie mir.«

Jetzt kann sich jeder vorstellen: Ein Elternpaar mit Baby fällt in dieser kinderlosen Männerwelt bereits auf. Ein Elternpaar mit Baby und Wickeltasche, das mit hochroten Köpfen die Gänge und Prachtsäle entlangsprintet wie einst diese Rothaarige in »Lola rennt«, muss wie von einem anderen Stern wirken. Tack-tack, tack-tack. Unsere Laufschritte hallen vom Marmorfußboden wider.

»Hier noch einmal um die Ecke und dann rechts«, sagt der hilfsbereite Soldat. Wir erreichen einen recht großen, allem Anschein nach selten benutzten Raum, von dem zwei Toilettentüren abgehen. Seufzer der Erleichterung, als unser Blick auf ein großes Waschbecken fällt. Und noch viel besser: Im Eck steht ein hüfthoher, fast quadratischer Kühlschrank, Marke Museumsstück. Die perfekte Wickelunterlage.

Man sollte vielleicht nicht gleich von »Geschenk des Himmels« sprechen. Aber wer auch immer eines Tages auf die Idee gekommen sein mag, den Vorraum eines Doppel-WCs der päpstlichen Residenz ausgerechnet mit einem alten Kühlschrank auszustatten: Für uns hat er geradezu in göttlicher Voraussicht gehandelt.

Der junge Gardist meint, er drehe besser schon mal den Hahn für uns auf, denn hier oben dauere es eine halbe Ewigkeit, bis warmes Wasser fließt. Ewigkeit? Falsches Stichwort, wir haben höchstens fünf Minuten. Dann lässt er uns mit unserer inzwischen wie am (Hellebarden-)Spieß brüllenden Tochter allein.

Die nächsten Handgriffe sitzen, sogar das Wasser wird warm. Unsere Kleine beruhigt sich in Rekordzeit. Ein Blick zur Uhr verrät, dass wir zwar den Beginn des Angelus-Gebets verpasst haben, aber noch gut in der Zeit liegen für die eigentliche Papst-Begegnung.

»Baciamano« – Handkuss – heißt die schöne Tradition auf Italienisch, weil Katholiken aus Respekt vor dem Papst-Amt den Fischerring küssen oder es zumindest in einer Verbeugung andeuten sollten. In unserem Fall wird Benedikt XVI. »zurückküssen« – und zwar die Stirn eines zufrieden vor sich hinglucksenden, wohlriechenden Babys, ehe er den Eltern noch einige denkwürdige Worte mit auf den Nachhauseweg gibt.

An 364 Tagen im Jahr bin ich auch als katholisch getaufter Journalist zur professionellen Distanz verpflichtet. Aber in diesem Moment ist unsere kleine Familie einfach nur bewegt. Um es mit der berühmtesten aller BILD-Schlagzeilen zu sagen: An diesem Tag sind wir Papst.

Wer sollte ahnen, dass sich für Benedikt XVI. in diesen herrlichen Septembertagen 2011 der letzte unbeschwerte Castelgandolfo-Sommer dem Ende zuneigen würde? Dass sein Kammerdiener Paolo Gabriele, der einst als Reinigungskraft in den Vatikan gekommen war und der jetzt als Mitglied der päpstlichen Familie wie selbstverständlich mit am Abendbrottisch sitzen darf, ein Jahr später als entlarvter Spion und Verräter in einer Zelle auf seinen Prozess warten würde?

Im Alter von 85 Jahren wird Benedikt XVI. die Enttäuschung seines Lebens verkraften müssen – und sich das Komplott von seinen perfiden Gegnern auch noch als Zeichen von Führungsschwäche auslegen lassen müssen. Während viele, viel zu viele seiner Freunde schweigen.

Noch einmal knapp 6 Monate später, am 28. Februar 2013, wird Benedikt sich mit dem Hubschrauber aus dem Vatikan zum letzten Mal nach Castelgandolfo fliegen lassen. Entkräftet, aber ungebrochen. Er wird vom Außenbalkon der Residenz die letzten Worte seines knapp achtjährigen Pontifikats sprechen, ehe er aus eigener und freier Entscheidung heraus seinen Fischerring abstreift und die Schweizergardisten Punkt 20 Uhr ihren sichtbaren Dienst einstellen.

»Liebe Freunde, ich freue mich, dass ich bei euch bin, umgeben von der Schönheit der Schöpfung und eurer Sympathie, die mir so viel Gutes getan hat.«

»Ich bin nur noch ein einfacher Pilger, der die letzte Etappe seiner Pilgerreise auf dieser Erde beginnt.«

Ein letzter Segen, ein letzter, erschöpfter Blick ins Fahnenmeer aus Vatikan- und Bayernfähnchen, dann sagt Benedikt auf Italienisch: »Grazie, buona notte! Grazie a voi tutti!« – »Danke und Gute Nacht, Danke euch allen!«

»Buonanotte«, murmle auch ich in diesem Moment in mich hinein, etwas am Rand der Menschenmenge stehend, aber nur einen Steinwurf vom Balkon entfernt. Erinnerungssplitter ziehen am inneren Auge vorbei. Es sind vor allem Bilder von neun Auslandsreisen mit dem Papst. Die letzte – seine Friedensmission in den Libanon – hat Benedikt völlig unbeeindruckt von Terrorwarnungen durchgezogen. Jugendliche ließen einen Rosenkranz aus Luftballons in den Abendhimmel von Beirut steigen, das hat ihn berührt, darauf hat er geachtet. Nicht auf die Scharfschützen ringsum auf den Dächern.

Drei Jahre im Schnelldurchlauf: Benedikts Rührung inmitten der tanzenden Waisenkinder von Benin. Sein trotziges Ausharren im Sturmgewitter von Madrid während des Weltjugendtags. Sein Trost für die Alten, Gebrechlichen in einem Seniorenheim bei London, die den deutschen Papst gar nicht mehr gehen lassen wollten, an diesem fast zärtlichen Nachmittag 65 Jahre nach Kriegsende.

Dann die seltsamen Vorahnungen, als ich ihn das erste Mal gebückt am Stock gehen sehe, beim Blick aus dem Flugzeugfenster. Die Beschwichtigungsversuche seines Pressesprechers, als Benedikt XVI. sich kurz darauf ein rollendes Podest für den Petersdom anfertigen lässt. Die unendliche Mühe, die Benedikt XVI. im Januar 2013 die paar Altarstufen kosten, eingehakt rechts und links bei zwei Geistlichen, die ihn – versteckt vor den Fernsehkameras – schon mehr tragen als stützen.

Vor allem und immer wieder: Unsere persönlichen Begegnungen mit kurzen, aber unvergesslichen Gesprächen, bei denen er einem immer vom ersten bis zum letzten Wort die Hand hält, einem die Aufregung zu nehmen weiß, aufmerksam zuhört, im wahrsten Wortsinn wie ein Vater wirkt. Mit einer Aura der Güte, die sich auf geheimnisvolle Art weder über Fotos noch Fernsehbilder je so richtig übertragen ließ.

Um ehrlich zu sein: Der Glaubens-Fixstern meiner Jugend war eher Frère Roger (†2005) und sein ökumenisches, weltoffenes Taizé als Papst Johannes Paul II. (†2005) und der auf den ersten Blick »ewig rechthaberische« Vatikan mit seinem, wie man ihn spöttisch in manchen Medien nannte, »Großinquisitor aus Marktl am Inn«.

Kurz nach der Wahl Benedikts hatten mir viele Gespräche im Regensburger und Traunsteiner Umfeld des Papstes sein tatsächliches Wesen nähergebracht, und vom ersten Tag in Rom wuchs der Respekt vor diesem Mann der klaren und geschliffenen Worte, dem intellektuell kaum ein lebender Zeitgenosse das Wasser reichen kann.

Trotzdem: Wenn mir jemand bei meiner Ankunft im Frühjahr 2010 vorausgesagt hätte, dass mich der Abschied von diesem »Professoren-Papst« eines Tages fast so erschüttern würde wie ein Verlust in der eigenen Familie, hätte ich ihn für verrückt erklärt.

Aber so ist das, wenn man fast drei Jahre das »Tagebuch« eines Menschen führt, Woche für Woche die Worte und Gesten herauszufiltern versucht, die über den Tag hinausreichen. Der 28. Februar 2013 wird der letzte Eintrag sein, das wird mir in diesem Moment plötzlich schmerzhaft bewusst.

Ich starre auf den Balkon, auf dem gerade in der Abenddämmerung Kirchengeschichte geschrieben wird: Benedikt hat sich bereits seitlich abgewendet, hinter ihm hängt ein großes Kruzifix. Aus meiner Perspektive sieht es so aus, als würde er unter bzw. in die Arme des Gekreuzigten schlüpfen. Ich mache in diesem Moment mein letztes Foto von ihm – jedenfalls denke ich das. Kirchengeschichte ohne Beispiel über Jahrhunderte, symbolisch festgehalten in einer Zehntelsekunde.

»Verborgen vor den Augen der Welt« wolle er von nun an leben, hat Benedikt XVI. angekündigt.

Servus, Sie großer bayerischer Landsmann auf dem Stuhl Petri. Jedes Kind weiß, dass zwei Päpste (Pius XII. und Paul VI.), die um Jahre jünger als Benedikt XVI. waren, hier in Castelgandolfo gestorben sind. Benedikt selbst hatte an seinem 85. Geburtstag von der »letzten Wegstrecke meines Lebens« gesprochen, die er bereits begonnen habe.

»Keine Kraft mehr«, wird am nächsten Tag die Schlagzeile unserer Zeitung sein, dazu ein seitengroßes Bild der Rückenansicht des Papstes. Der Kommentar von Alfred Draxler erscheint ebenfalls auf der Titelseite und trägt den respektvollen Titel »Wir sind Mensch«.

In den folgenden Tagen und Wochen wird Benedikt letzte Kraftreserven mobilisieren müssen: Während im Vatikan sein Nachfolger gewählt wird, sich schließlich alle Scheinwerfer auf Franziskus richten, Hunderte Benedikt-Porträts im Vatikan abgehängt und durch die neuen ersetzt werden, ringt der emeritierte Papst aus Bayern mit dem Tod. Erst an Ostern 2013 werden seine Weggefährten einigermaßen sicher sein können, dass er gesundheitlich über den Berg ist.

Als er im Mai schließlich in seinen Alterswohnsitz in die Vatikanischen Gärten zieht, hat in seiner Heimat das Kleinreden seiner Lebensleistung bereits begonnen. Jenes Kirchendieners, der eben NICHT nur der »Bücher-Ratz« (sein Spitzname als Seminarist), der Jahrhundert-Theologe war, als den ihn immerhin selbst die meisten seiner Kritiker anerkennen. Der mit seiner kraftvollen »Jesus von Nazareth«-Trilogie ganz nebenbei zum Bestseller-Autor aufstieg.

Der eben NICHT sich selbst beweihräucherte, Spitzen, Gold und rote Schuhe aus persönlicher Eitelkeit trug, wie ihm Kleingeister gern unterstellten. Sondern aus Pflichtgefühl, aus Respekt vor Amt und Tradition, zur Ehre dessen, auf den sein ganzes Tun hinweisen sollte. Benedikt XVI. wollte nie mehr sein als dies: ein möglichst für jedermann sichtbarer Wegweiser auf Gott.

Einen eitlen Gockel mit »Fuß-Ferraris« wollten diejenigen aus ihm machen, denen es zu mühsam war, sich mit dem Werk und mit der Persönlichkeit dieses Papstes ernsthaft auseinanderzusetzen. Dabei war Joseph Ratzinger die Bodenständigkeit in Person. Es gibt nur keine Fotos davon, wie er als Kardinal mit seinem Bruder Georg im Haus in Regensburg-Pentling selbst den Sonntagabend-Abwasch erledigt hat, ehe die beiden schon mal – verbürgt – eine halbe Stunde auf den Bus warteten.

Den Bus nahmen sie übrigens auch, wenn sie hinausfuhren zum Ziegetsdorfer Friedhof, wo sie das Familiengrab pflegten. Nie haben die Ratzinger-Brüder vergessen, wo sie eigentlich herkommen. Eigentlich wollten sie nichts anderes als zusammen den Lebensabend in Regensburg zu verbringen, und als der jüngere Bruder dann zum Papst gewählt wurde, war der ältere so sauer, dass er das Telefonkabel aus der Buchse zog und erst am nächsten Tag wieder einstöpselte.

Ich muss noch einmal an den 11. Februar denken, an den Rosenmontag, an dem Benedikt XVI. seinen versammelten Kardinälen in seiner auf Latein vorgetragenen Rücktrittserklärung sagte: »Ich bitte euch um Verzeihung für alle meine Fehler.«

Das war die Demut Benedikts, der sich seiner Schwächen und Fehlbarkeit stets bewusst war. Das war die wahre Größe dieses im Grunde schüchternen Petrus-Nachfolgers. Dieses so vielfach verkannten, fabelhaften Menschen.

Römer
über Nacht

In den ersten Tagen meines Rom-Aufenthaltes im April 2010 wundere ich mich ein wenig über mich selbst: Da hat mich mein Brötchengeber – Deutschlands größte Tageszeitung BILD – praktisch über Nacht in eine fremde Stadt geschickt, 1547 Kilometer entfernt vom Berliner Fernsehturm, auf den meine Frau und ich Abend für Abend durchs Wohnzimmerfenster in Mitte blicken konnten.

Doch merkwürdig: Das Gefühl der Fremde und Verlorenheit will sich in Rom nicht einstellen. Obwohl ich noch aus dem Koffer leben muss, mich ständig verlaufe und wie jeder Rom-Anfänger immer an den falschen Bushaltestellen aussteige.

Ist es die milde Frühlingssonne, das Plätschern der allgegenwärtigen Brunnen? Der spontane Steh-»caffè« in der Bar (niemals im Leben ein Plastikbecher »to go«), der nach einer Woche am Tiber schon zur Selbstverständlichkeit geworden ist?

Wie oft sagt man bei Flugreisen, die Seele müsse erst nachkommen. Hier habe ich das Gefühl, meine Seele war längst da. Sie hat geduldig über die Jahre auf mich gewartet, wahrscheinlich irgendwo zwischen Piazza Navona, Campo dei Fiori und der Porta Sant'Anna, womöglich mein ganzes Leben lang. Woran mag das liegen?

Über Italien als »Sehnsuchtsort der Deutschen« ist seit Goethe schon so oft geschrieben worden, dass der Begriff in die Kiste schaler »Bella Italia«-Klischees fällt, die uns das TV (»Donna Leon«, »Maria ihm schmeckt's nicht« etc.) immer noch regelmäßig auftischt.

Und ja, es stimmt, was man immer wieder hört: Rom ist keine saubere, moderne und organisierte Metropole. Sondern mindestens so dauerpleite wie Berlin und eine »Ewige Baustelle«, mit einem der scheußlichsten Bahnhöfe der Welt. Eine Stadt mit Smog-Problemen und zwei Verkehrsinfarkten täglich. In römischen Staus wird übrigens mehr geflucht, als selbst in der Stadt mit der höchsten Beichtstuhldichte der Welt je vergeben werden könnte.

Rom ist chaotisch, scham- und sinnlos überteuert und für Zuziehende eine bürokratische Hölle. Und voller Hundehaufen, die seit 2000 Jahren niemand wegräumt, wenn Sie's noch etwas genauer wissen wollen.

Aber Rom ist eben auch »La grande bellezza«, die einzigartige Schönheit mit ihrer Altstadt, die einem mit ihrer Geschichte und Würde den Atem verschlägt. In der die Sinne ständig »di piu, di piu, di piu« (»mehr, mehr«) betteln, selbst wenn die Füße längst schmerzen, man aber doch noch einmal die Spanische Treppe hinaufwill und hinüber zum Pincio, von dem man auf die Kuppeln im Mondschein blicken kann. Dieses Licht, dieser Zauber, diese allabendliche Bühne der Lebensfreude, die einen mit allem und jedem versöhnt. Am Ende sogar mit sich selbst.

»Das Leben pulsiert nicht«, schrieb Werner Bergengruen (†1964) in seinem zeitlosen »Römischen Erinnerungsbuch«, das ich in diesen Anfangstagen oft bei mir trage, das vergilbte Geschenk eines besonders wohlmeinenden Mentors. Nein, das Leben »schäumt, kocht, quirlt, tost und funkelt in allen Farben«.

Das Wesentliche beim Bummel durch die Jahrhunderte, durch unsere Kulturgeschichte, lässt sich schwer in Worte fassen, auf Postkarten verschicken und schon gar nicht per Handy fotografieren, womöglich noch neben einem als Legionär verkleideten Schnorrer am Kolosseum mit Plastikschwert. Das Gefühl, das den Reisenden auf dem Dach der Engelsburg, im Pantheon, aber auch auf einer namenlosen Piazza oder in einer winzigen Kapelle in Trastevere überfallen und ein Leben lang nicht mehr loslassen kann: das Gefühl, Rom auf geheimnisvolle Weise zu verinnerlichen.

Vom »ewigen Hausrat der Seele« schreibt Bergengruen in seinem klugen Büchlein. Hausrat sammelt sich gemeinhin über Jahre und Jahrzehnte an. Römer wird man hingegen durch Blitzschlag aus heiterem Himmel. Oder man wird es nie. Wie manche »deutschen Römer«, die dort seit 20 oder 30 Jahren leben und genauso lang vor sich hingrummeln und -granteln.

Fünfmal war ich als Teenager und junger Erwachsener in Rom gewesen, was im pilgerfreudigen Bayern keine Besonderheit ist. Vielleicht waren es ja tatsächlich die Säulen auf dem von Bernini geschaffenen Petersplatz, die wie offene Arme wirken, die unterbewusst dieses Gefühl des Willkommenseins schon bei der allerersten Ankunft ausgelöst haben?

Die Frage habe ich mir später oft gestellt, nachdem meine italienische Frau und ich »si« zueinander gesagt und wir in Italien unsere bayrisch-sardische Familie gegründet haben: Hätte sich alles so gefügt, wenn ich mich nicht mit 15, 16 schon so hoffnungslos in Rom und die italienische Lebenskunst verknallt hätte?

Als Reporter habe ich über die Jahre einiges sehen und noch mehr lernen dürfen von der Welt und ihren so vielfältigen Bewohnern: Von den bedrohten Waldindianern in Ecuador, von angehenden Sumo-Ringern in Tokio. Von den Einbaumboot-Fischern auf Sao Tomé, von den zornigen Anführern der Studentenrevolte in Belgrad oder von Nachwuchsmodels in Kuba mit ihren zerfleddernden Freiheitsträumen und Badeschlappen.

Zwischendurch den Kilimandscharo bestiegen, dem Tasmanischen Tiger aufgelauert. Michail Gorbatschow, Ronnie Biggs, Reinhold Messner oder Peter Jackson interviewt. Und mehrfach das Heilige Land bereist, privat und beruflich. Der Altstadt von Jerusalem frühmorgens beim Aufwachen zuzusehen ist vielleicht das Sinnlichste, was ein Reisender erleben kann.

Aber komisch: Nirgendwo auf der Welt war mein Gefühl so stark, am richtigen Ort gelandet zu sein, wie in diesen Frühjahrstagen in Rom. Obwohl ein gewaltiger Kirchenskandal gerade seinen Höhepunkt erlebte, der lange Schatten auf die ersten Arbeitsmonate warf: Die Enthüllungen um jahrzehntelang gedeckten Kindesmissbrauch durch katholische Geistliche. Nicht etwa nur bei den »Legionären Christi«, sondern auch unter deutschen Kloster-, Kirchen- und Schuldächern. Auch und gerade in Benedikts Heimat Bayern.

Bei aller Solidarität mit den Opfern und Verachtung für die Täter: Das pauschale Einprügeln auf die katholische Kirche, wie es im Zuge des Missbrauchsskandals im Frühjahr 2010 plötzlich Mode geworden war, empfand ich schon damals als überzogen. Wer sich in diesen Wochen noch offen zu Papst und Kirche bekannte, musste sich quasi als Komplize beschimpfen lassen. Wie jener Schweizergardist, der mir in einer ruhigen Minute mal erzählte, wie er von einem Bekannten während eines Heimaturlaubs angegiftet worden war: »Und ihr beschützt diese Kinderf… auch noch!«

Für die Kritiker war es allzu bequem, auf der Empörungswelle mitzusurfen: Plötzlich konnte man seinen Kirchenaustritt mit politisch-korrekten Gründen rechtfertigen, statt mit dem eigenen Spardrang bei der Steuer und/oder dem spirituellen Vakuum.

Als sich dann auch noch die üblichen Ober-Schlaumeier der Politik anmaßten, dem Papst in Rom haarklein zu erklären, welche Reaktion in welchem Zeitraum denn nun angemessen wäre und dass die deutsche Justiz für Aufarbeitung und Gerechtigkeit sorgen müsse, platzte mir der Kragen. Ich schrieb in einem Kommentar für »BILD am SONNTAG«:

»Bundestagsvizepräsident Wolfgang Thierse (SPD) hat eine Entschuldigung des Kirchenoberhaupts angemahnt. Ganz so, als ob im Twitter-Zeitalter auch für den Papst Schnelligkeit vor Genauigkeit gehen müsste. Als zählte nur Tempo bei der Wahl von Worten und Gesten, die über die Zukunft der Kirche entscheiden können.

Leider trifft auch der Eindruck nicht zu, den manche Politiker in der öffentlichen Debatte vermitteln: Sobald deutsche Staatsanwaltschaften und Gerichte die Fälle übernehmen, würde alles gut. Schon vergessen, wie häufig Sexualstraftäter mit mieser Prognose wieder auf die Allgemeinheit losgelassen wurden, der Missbrauch neuer Opfer wissentlich in Kauf genommen wurde? Durch groteske Gesetzeslücken blieb den Richtern oft gar keine andere Wahl …

Im Fall der Verbrechen durch Glaubensbrüder in den USA war die Demutsgeste des Papstes viel überzeugender als Entschuldigungsworte im TV: Er traf sich selbst mit Missbrauchsopfern, um ihnen zu zeigen, dass er ihren Schmerz teilt. Mich als Katholiken hat das beeindruckt. Ich vertraue darauf, dass Benedikt XVI. auch auf die Missbrauchsfälle in seiner Heimat angemessen reagieren wird.«

Der Vertrauensvorschuss zahlt sich schnell aus: Im Gespräch und Gebet mit Missbrauchsopfern auf Malta werden Benedikt ein paar Tage später Teilnehmerangaben zufolge Tränen in die Augen steigen. Dort wird er sein berühmtes Versprechen ablegen, »alles zu tun«, damit sich solche Fälle nicht wiederholen.

Der Papst persönlich wird es sein, der im Mai mit einem harschen Machtwort dafür sorgt, dass niemand mehr die Schuld für abscheuliche Verbrechen kleinreden und zur Tagesordnung zurückkehren kann. Als die ersten Kurienmitglieder selbstgerecht von einer »Medienkampagne« zu schwafeln beginnen, bremst sie der Pontifex mit einem einzigen, ebenso weitsichtigen wie weisen, aber auch erschreckenden Satz aus:

»Der größte Angriff auf die Kirche kommt heute aus dem Innern der Kirche selbst.«

Sein Versprechen von Malta hält Benedikt eindrucksvoll: Im Zuge seiner »Null-Toleranz-Linie« wird Benedikt XVI. in den darauffolgenden 30 Monaten 400 Priester wegen Kindesmisshandlung aus dem Kirchendienst entfernen. Ohne Bewährung, aber auch ohne öffentlichen Pranger. Während Kinderschänder mit gewieften Anwälten vor deutschen Gerichten weiterhin Erfolge feiern und sich …, aber lassen wir das, es würde den Rahmen dieses Buches sprengen.

Interessant ist allerdings, dass der unappetitliche Fall des Politikers Edathy Anfang 2014 nicht dazu führen wird, dass die Kirche der SPD Verhaltensvorgaben erteilt und in Anbetracht offensichtlicher Mitwisser und Vertuscher bis in die obere Parteiebene das Fallbeil der pauschalen Vorverurteilung sausen lässt. Vielleicht sollte einfach jeder am besten vor seiner eigenen Haustür kehren?

Der Missbrauchsskandal wird am Ende nur ein Vorgeschmack sein auf die Stürme, die die Kirche Roms und auch Benedikt XVI. persönlich in den kommenden Monaten erschüttern werden.

Mission:
Ein Tagebuch für den Papst

Ameisenklein fühle ich mich unter Michelangelos Kuppel des Petersdoms. Ob Benedikt XVI. das noch genauso geht, nach all den Jahren? Der Arbeitsplatz der Päpste, der über dem Grab ihres Vorgängers Petrus errichtet wurde, ist an diesem wie an den meisten Tagen von Touristen umlagert. Es wimmelt vor Asiaten, die hier so verzweifelt wie vergeblich nach der Sixtinischen Kapelle suchen, und vor grimmigen Aufpassern, die bei Fragen dieser Art die Augen um 180 Grad verdrehen.

Einmal zur Ruhe und zur Besinnung gekommen spürt man dennoch, dass genau hier mit dem eigenen auch das Herz der Christenheit pocht, der katholischen Kirche mit ihren 1,2 Milliarden Gliedern. Ich bin ein einziges davon, alle deutschen Katholiken zusammengenommen nur ein Fünfzigstel. Das mit der angemessenen Demut zu begreifen lernt man nur in Rom.

Ich erschaudere ein wenig bei dem Gedanken, dass dies in gewisser Hinsicht nun auch mein Arbeitsplatz sein wird. Der kleine Junge aus der Provinz, der stets lieber den »Kicker« als die Kirchenzeitung gelesen hat, lieber gebolzt als ministriert hat und sich während so mancher Religionsstunde intensiver den Ufos auf seiner Spiel-Armbanduhr gewidmet hat als den wirklichen Fragen des Himmels.

Sicher, man kann Italienisch und Kirchen-Latein lernen, man kann sich jede Menge Wissen über Vatikan, Papsttum und Theologie anlesen (vor allem, wenn einem die lieben BamS-Kollegen zum Abschied ein knapp kühlschrankgroßes Lexikon schenken ...). Und es hilft sicher, aus einer Familie zu kommen, aus der in einer Generation sieben Priester und Ordensschwestern hervorgegangen sind und in der trotzdem seit jeher der Humor zu Hause ist.

Und irgendwann kann man vielleicht sogar den Busfahrplan und die Busfahrer Roms kapieren, die einfach anhalten und aussteigen, wenn sie Durst haben, um das köstliche und kostenlose Wasser der Straßenbrunnen zu trinken, statt sich einfach eine Plastikflasche nebens Steuer zu stellen. Und das selbst, wenn der Bus rappelvoll und die Verspätung bereits beträchtlich ist. Nur: Wirklich vorbereiten kann einen auf den Beruf »Rom-Korrespondent« und den Neu-Status »Römer« keiner.

Seit wenigen Stunden bin ich stolzer Besitzer einer »Dauer-Akkreditierung«, ausgestellt vom Presseamt des Heiligen Stuhls. Es liegt direkt am Petersplatz, am Ende der altehrwürdigen »Via della Conciliazione«, dort, wo nachts oft Obdachlose schlafen. Der Vatikan-»Backstage-Ausweis« ist ein Plastikkärtchen zum Umhängen an einer silberfarbenen Kette und soll mir drei Jahre lang alle Türen öffnen. Jedenfalls in der Theorie.

Praktisch lerne ich schnell, dass das in den meisten Fällen höchstens mit den Türen von Vorzimmern klappt. »Ohne persönliche Kontakte läufst du hier nur gegen Wände«, warnt mich ein Kollege, dessen Lehrjahre als »Vatikant« um Lichtjahre zurückliegen, abends bei Pasta und (endlich ein

Klischee erfüllt!) eiskaltem Frascati. Er gibt mir einen der wichtigsten Ratschläge überhaupt: » Du wirst Geduld brauchen, um hier anzukommen, mindestens zwei Jahre.«

Ich habe Glück, mein Vorgänger Andreas Englisch hat für unsere Zeitung eine der begehrten Boxen mit Mini-Schreibtisch, Telefon- und Computeranschluss erkämpft, direkt neben dem Raum, in dem die offiziellen (und wegen ihrer Langatmigkeit gefürchteten …) Pressekonferenzen des Heiligen Stuhls stattfinden. Ich bin der einzige Deutsche dort, unter Italienern, Franzosen, Amerikanern, Spaniern.

Wie in jedem Amtsgebäude des nach Territorium winzigen Kirchenstaates hängt ein Porträt von Benedikt XVI. an der Wand. Es gibt den weltweit einzigen Kaffeeautomaten, der als Wechselgeld oft nagelneue Papst-Münzen ausspuckt. Es gibt Live-Übertragungen fast aller öffentlichen Auftritte von Benedikt XVI. und täglich zur Mittagszeit ein »Bollettino« mit den offiziellen Verlautbarungen. Immer bekommen wir sie ein paar Minuten früher, als der Rest der Welt sie auch im Internet nachlesen kann.

Die Atmosphäre ist so nüchtern, dass keiner eine oder gar DIE »Frohe Botschaft« als zentralen Daseinszweck des Amtes vermuten würde. Aber wer die Mitarbeiter kennenlernt, spürt eben doch schnell einen Unterschied zur Arbeitswelt »draußen«. Und das nicht nur, weil es einen Kollegen gibt, der seine Manuskripte bis heute aus Prinzip auf Schreibmaschine tippt, was – »klickklackklackklick« – eine fast schon vergessene Wohltat für die Ohren ist. Sondern weil für das Zwischenmenschliche dann doch mehr Zeit bleibt als unter deutschen Büro-Dächern. Übrigens auch Zeit für tägliche Gebete, die für die Angestellten zur Dienstzeit zählen.

Nur der Papst selbst taucht im Pressezentrum, das von

Jesuitenpater Federico Lombardi souverän geleitet wird, leider nie auf.

Für die ersten Monate ist mein Plan, so nah wie nur möglich am Vatikan zu wohnen, obwohl ich als Rom-Korrespondent gleichsam für »die andere Tiberseite«, sprich: für Italiens Politik, verantwortlich sein werde. Das heißt, ich habe das zweifelhafte Vergnügen, über die Eskapaden eines Silvio Berlusconi zu berichten. Zu meinem Erstaunen finde ich ein kleines, günstiges Apartment, von dessen Mini-Mini-Terrasse man direkt auf die Kuppel und die oberste Etage des Apostolischen Palastes blicken kann. Hier wohnt Benedikt XVI. mit seiner »Päpstlichen Familie«, keine 500 Meter Luftlinie von mir entfernt.

Als »Nachbar« im weitesten Sinne tue ich mich etwas leichter, den Mut für eine eigentlich ungeheure Aufgabe zu finden: ein Tagebuch des Papstes zu führen, das bis zum Ende seiner Amtszeit (seines Lebens, wie damals noch alle annehmen …) jeden Tag eine kleine Anekdote erzählen soll. »Wir sind Papst!«, hatte B I L D zur Wahl getitelt – und dieses Gefühl und Versprechen im Gegensatz zu manch anderem Medium über all die Jahre eingelöst.

Mit den offiziellen Verlautbarungen und Pressekonferenzen kommt man bei einem Tagebuch nicht weit: Die Leser einer wöchentlichen Kolumne interessiert wenig, wessen Rücktritt aus Altersgründen der Papst gerade angenommen und wem er die zweitgrößte Diözese Mexikos anvertrauen will.

Sie wollen auch mal etwas über den Alltag als Papst erfahren: Was ihm sein sparsamer Bruder Georg zum Geburtstag schenken wird (gar nichts: »der hat schon alles, was er braucht«), wovor Benedikt Angst hat (Zahnarzt und Bienen, wegen seiner Allergie), über wen oder was er lachen kann (Karl Valentin, Don Camillo) oder welches Weihnachtslied er privat am liebsten unterm Baum singt (»Es ist ein Ros entsprungen«).

Dafür, dass das Ganze nicht im Seichten verflacht, wird Benedikt XVI. immer wieder selbst sorgen. Indem er Woche für Woche mit leiser Stimme Sätze sagt oder mit seinem berühmten Bleistift zu Papier bringt, die für sich sprechen. Sätze, die für jeden, der sie unvoreingenommen aufnimmt, Inspiration und Bereicherung im Alltag bedeuten können – oft unabhängig von Glaube und Religion.

Sie können sich gerade spontan an keinen dieser Sätze erinnern, die aus der Banalität unserer Zeit hinausragen? Dann sei als Beispiel ein Auszug aus Benedikts Rede vor dem Deutschen Bundestag (2011) genannt:

»Es gibt auch eine Ökologie des Menschen. Auch der Mensch hat eine Natur, die er achten muss und die er nicht beliebig manipulieren kann.

Der Mensch ist nicht nur sich selbst machende Freiheit. Der Mensch macht sich nicht selbst. Er ist Geist und Wille, aber er ist auch Natur, und sein Wille ist dann recht, wenn er auf die Natur hört, sie achtet und sich annimmt als der, der er ist und der sich nicht selbst gemacht hat.

Gerade so und nur so vollzieht sich wahre menschliche Freiheit.«

Endlich
V.A.M.P.

Die Nervosität steigt vor meinem ersten richtigen »Date mit dem Papst« nach einem kurzen, ungemein heiteren »Vorstellungsgespräch« in Castelgandolfo: Papst Benedikt XVI. hat angekündigt, Anfang Juni die Mittelmeerinsel Zypern zu bereisen. Wenn alles klappt, dann wird dies die erste Auslandsreise sein, auf der ich ihn im »Aereo Papale« – dem Päpstlichen Flugzeug – als Teil der etwa 50-köpfigen Medien-Delegation begleiten darf.

Diese heißt im Vatikan-Jargon »V.A.M.P.«: »Vatican Accredited Media Personnel«, »vom Vatikan anerkannte Medienvertreter«. Der Papst reist also, ohne dass die Weltöffentlichkeit davon die leiseste Ahnung hätte, mit 50 »VAMPiren« durch die Welt.

Bevor ich allerdings auch nur einen Fuß an Bord der Alitalia-Maschine setzen kann – die italienische Fluglinie übernimmt in der Regel den Hinflug, während die führende Fluglinie des Gastlandes den Papst nach Hause bringt –, gilt es, im Vatikanischen Papierkrieg die Übersicht und die Nerven zu bewahren.

Speziell in diesem Moment erinnere ich mich an ein Gespräch mit einem hohen Prälaten, der seit vielen Jahren Einblick in die Organisationsstruktur des Vatikan hat und auch manche vertrauliche Akte der Sicherheitsorgane kennt. Er warnte, dass ich mich keinesfalls der Illusion hingeben sollte, im Vatikan sei alles besser, weil dort lauter brave, tüchtige, strukturierte Menschen arbeiten würden. »Glauben Sie mir: Es gibt außerhalb der Kirchenmauern nichts, was es im Inneren nicht auch gibt«, sagte er und schaute betrübt.

Aus dem Kontext ging hervor, dass der Geistliche damit vor allem Kriminaldelikte meinte, allen voran die Korruption. Aber ich sollte schnell merken, dass es für die Auswüchse der gefürchteten römischen Bürokratie ganz genauso zutreffen sollte: Kein Besucherantrag für einen nordkoreanischen Atomraketen-Stützpunkt könnte mehr Klauseln enthalten als die sogenannte »logistische Dokumentation«, mit der der Heilige Stuhl vor jeder Reise jene Korrespondenten traktiert, die sich nicht allein von den saftigen Flugpreisen (in diesem Fall 1480 Euro) abschrecken lassen.

Auf fünf Seiten, in 15 Punkten und locker nochmal 50 Unterpunkten wird dem Antragsteller haarklein erläutert, dass er z. B. (Punkt 3.2.) im Fall einer Zusage ein Dokument mitführen muss, aus dem seine Blutgruppe hervorgeht (erst viel später sollte ich von den diversen konkreten Terrorwarnungen erfahren, die selbst den Weltjugendtag in Köln 2005 überschattet hatten). Dass sämtliche Sperrfristen für vorab verteilte Redetexte einzuhalten sind (Punkt 10.4.) oder dass er sich stets »dem Anlass angemessen« zu kleiden hat (Punkt 11.9.). Heißt für Männer: Dunkler Anzug, Krawatte. Ausnahmen: Gibt es keine. Hatten wir schon erwähnt, dass für Zypern Temperaturen weit über 40 Grad erwartet werden?

Der Flurfunk im Presseamt behauptet hartnäckig, es habe da einmal eine sympathische Kollegin gegeben, die in Flipflops erschienen sein soll, was bei Vik van Brantegem, dem kontrollwütigen Betreuer der Medien-Delegation, zu mehrmonatiger Schnappatmung geführt habe. Ein anderer soll gar erst im Abflugbereich des Flughafens Rom Fiumicino das Binden von Krawatten erlernt haben, morgens um halb sieben, vor einer großen Tasse Cappuccino. Aber wer sollte solchen Kollegentratsch glauben?

An Bord des Flugzeugs lernt der Neuankömmling der schreibenden Zunft schnell zweierlei. Erstens: Er sitzt nicht nur hinten im Flugzeug, wo die Medienvertreter nun einmal traditionell ihren teuer erworbenen Platz haben. Er sitzt ganz hinten. Denn Fernsehleute, Fotografen, auserwählte Günstlinge von wem auch immer und alle Vatikan-Mitarbeiter haben Vorrang bei der nur theoretisch »freien« Sitzverteilung.

Zweitens: Nie die große Rolle Klebeband vergessen. Denn wenn Benedikt XVI. zu seiner legendären fliegenden Pressekonferenz im hinteren Bereich des Flugzeugs ansetzt, müssen die Aufnahmegeräte Turbulenzen-sicher an der Decke kleben, und zwar in der Nähe eines Lautsprechers. Denn Benedikt XVI. spricht im Flugzeug grundsätzlich frei und ohne Skript, und das, was er sagt, ist meistens topaktuell, brisant und manchmal schlicht brillant.

Dagegen sind die meisten Reden und Predigten auf Reisen wochenlang im Voraus vorbereitet und diplomatisch glattgebügelt. Manche davon schreibt Benedikt nicht einmal selbst, er korrigiert sie allenfalls.

Sparen sollte man als Reporter auch nicht an Batterien und an der Qualität des Aufnahmegeräts. Denn merke: So inhaltlich klar Benedikt XVI. in seinen fliegenden Pressekonferenzen in welcher Sprache auch immer (meist Italienisch) spricht: Er ist und bleibt – Verzeihung, Heiligkeit – ein Nuschler vor dem Herrn.

Bei dieser Reise steht der Nahost-Konflikt im Mittelpunkt, ein falsches Wort könnte die gesamte Atmosphäre der Reise vergiften. Wer wüsste das besser als Benedikt XVI., dem nach seiner missverständlichen »Regensburger Rede« über Jahre Islamfeindlichkeit vorgeworfen wurde.

Nur: Wenn sich in einer überhitzten Debatte (ein überaus beliebter italienischer Bischof, der an der Reise teilnehmen wollte, war gerade in der Türkei ermordet worden, die Wellen der Empörung schlugen hoch …) der Papst hinstellt und vor plumper Stimmungsmache warnt, dann findet sich darüber kein Wort in den Schlagzeilen. Die von Pater Lombardi moderierte, improvisierte Pressekonferenz beginnt so:

Pater Lombardi:

Heiliger Vater, wir danken Ihnen, daß (kein Schreibfehler, der Vatikan hat sich der deutschen Rechtschreibreform bis heute verweigert, Anm. des Autors) Sie wie bei jeder Reise unter uns sind und mit Ihren Worten unserer Aufmerksamkeit in diesen Tagen, die sehr intensiv sein werden, Orientierung geben. Selbstverständlich muß die erste Frage dem Ereignis gelten, das uns gestern schmerzhaft getroffen hat, nämlich die Ermordung von Bischof Luigi Padovese, die auch Sie mit tiefem Schmerz erfüllt hat. So möchte ich Sie im Namen aller Kollegen bitten, uns etwas darüber zu sagen, wie Sie diese Nachricht aufgenommen haben und wie Sie in dieser Atmosphäre den Beginn der Reise nach Zypern erleben?

Turbulenter Besuch in Castelgandolfo 2011: Papst Benedikt XVI. segnet Letizia, die wenige Monate alte Tochter des Autors.

Letzte persönliche Begegnung vor dem Rücktritt Benedikts (im Dezember 2012): »Frohe Weihnachten, Heiliger Vater«.

Höhepunkte im Leben jedes Vatikan-Korrespondenten: Neunmal ging es mit Benedikt XVI. auf Auslandsreisen, per »volo papale«, im Flieger mit dem Papst.

Beim Weltjugendtag in Madrid 2011 trotzt Benedikt XVI. erst extremer Hitze, dann einem Gewittersturm, verhindert dadurch eine Massenpanik.

Oben: Die »fliegenden Pressekonferenzen« des Papstes geben nebenbei Auskunft über die aktuelle Hackordnung im Vatikan.

Der Verräter: Kammerdiener Paolo Gabriele (mit Schirm) schützte den Papst vor Regen und Sonne – und bestahl ihn systematisch.

Da hat selbst Chef-Bodyguard Domenico Giani (im Hintergrund) mal Pause: Papst Benedikt XVI. unter Waisenkindern im Benin.

Eine Parkbank in den Vatikanischen Gärten trägt das Wappen Benedikts.
Nach seinem Rücktritt hat er hier sein Altersdomizil gefunden.

Sie nannten sie »Fuß-Ferraris« …

Benedikts letzte Auslandsreise in den Libanon wird von Terrordrohungen über- schattet. Jugendliche berühren den Papst, als sie einen Rosenkranz aus Luftballons in den Abendhimmel steigen lassen.

Der bewegende Abschied: Die Bewohner von Castelgandolfo danken Benedikt XVI.
für seinen lebenslangen Dienst. Der sagt vom Balkon leise »Buonanotte«
und schlüpft – symbolisch – in die Arme des Erlösers Jesus Christus.

Benedikt XVI.:
Natürlich hat mich die Nachricht vom Tod des Bischofs
Luigi Padovese, der auch viel zur Vorbereitung der Synode beigetragen hat, schmerzlich betrübt. Er hat seinen Beitrag geleistet, und er wäre bei dieser Synode ein
wertvolles Element gewesen. Empfehlen wir seine Seele
der Barmherzigkeit des Herrn. Dieser Schatten hat jedoch mit den Themen und der Wirklichkeit der Reise
an sich nichts zu tun, weil wir nicht der Türkei oder
den Türken diese Tatsache zuschreiben dürfen. Es ist
etwas, über das wir wenige Informationen haben. Sicher ist, daß es sich nicht um einen politisch oder reli-
giös motivierten Mord handelt; es geht um etwas Per-
sönliches. Wir warten auf die Erklärungen, aber jetzt
wollen wir diese tragische Situation nicht mit dem Dialog mit dem Islam und all den Problemen unserer Reise
vermengen. Es handelt sich um einen separaten Fall,
der uns traurig macht, der aber in keiner Weise den Dialog in jeder Richtung verdunkeln darf, der Thema und
Absicht dieser Reise ist.

Es ist das allererste Mal, dass ich Benedikt XVI. gern spontan applaudieren würde, was ein Journalist natürlich weder
darf noch tut.

Reisen mit dem Papst, wie stellt sich der naive Außenste-
hende das vor? Rote Teppiche schon bei der Ankunft? Oh
ja, die liegen bereit. Aber nicht für uns, das Fußvolk, das
jedes Mal durch den Hinterausgang des Flugzeugs schlüpft.
Nicht für die Pressevertreter, die sich ständig gegenseitig
Laptops und Kamerastative in die Rippen rammen und sich

vielsprachig – »Sorry«, »Scusa«, »Pardon« – dafür entschuldigen.

Und keiner soll denken, dass der »V.A.M.P.« Mitleid erwarten darf, wenn er im schwarzen Anzug in der Sonne schmort: Chef-Aufpasser Vik van Brantegem, im normalen Leben ein Mann von Bildung und ausgesuchten Manieren, klatscht und brüllt ohne Unterlass »Fila«, was so viel heißt wie »Ab in die Reihe, Gänsemarsch. Und wehe, einer quatscht mir hier dazwischen«.

Der Anfänger staunt: Hoch spezialisierte Vatikankenner aus aller Welt ertragen eine Behandlung wie Fünfjährige beim Kindergartenausflug. Weil sie zumindest ahnen, dass der minutiös ausgearbeitete Zeitplan ohne Disziplin nicht funktioniert. Und weil sie wissen, dass sie in Sachen Zugang zu den Veranstaltungen und selbst bei der Zimmervergabe im Hotel dem Pressestab des Vatikans »ausgeliefert« sind.

Das beginnt schon damit, dass die Redetexte vor Beginn der (freiwilligen) Messe im Hotelzimmer des Medienbetreuers ausgelegt werden. Aber leider nur zwischen 5.45 und 6 Uhr morgens. Und dass es von allen möglichen Faktoren abhängen kann, ob man sie gnädigerweise auch in digitaler Form auf einen USB-Stick gezogen bekommt oder eben nicht. Im Zweifelsfall hängt alles von der Laune ab. Mal kommt man dem Papst ganz nah, mal wird man fast mit Gewalt von ihm ferngehalten. Wer's nicht glaubt, kann gern mal bei Matthias Matussek nachfragen.

In Mexiko sollte es Jahre später einmal zum »Clash of cultures«, einem Zusammenstoß der Kulturen, kommen. Ohrenzeugen des Brüllduells zwischen mexikanischem TV-Starreporter und dem keinen Millimeter von seinen Prinzipien abrückenden Vatikan-Verantwortlichen halten es seither für durchaus plausibel, dass Mexikos Urvölker aufgrund eines kollektiven Hörsturzes ausgestorben sind.

Nimmt man solche Details beiseite, bringt die Arbeit wie jede neue Herausforderung enorm viel Spaß: Macht man es nicht wie die »Experten« zweier großer italienischer Tageszeitungen und sperrt sich ganztägig im Hotelzimmer vor dem Fernseher ein, sondern will die Papst-Auftritte live miterleben, dann arrangiert man sich eben, schreibt mit dem MacBook auf den Knien im holpernden Mini-Bus und freut sich über jedes Strichlein Netz und jede Glücksmeldung »Mail erfolgreich versendet«, wenn man Texte und Fotos in die Heimat schickt.

Um am Ende zu erfahren, dass das Interesse an Nahost-Aussöhnung sowie an der Ökumene zwischen katholischer und orthodoxer Kirche dort gerade überschaubar ist. Die allerersten Korrespondenten-Berichte über eine Papstreise erscheinen somit zwar im Internet, finden aber nicht den Weg ins Blatt. »Mannaggia« würde der Römer jetzt sagen, frei übersetzt: »Verflixt!« Dafür habe ich nun sechs Hemden in drei Tagen durchgeschwitzt.

Egal: In Anbetracht der Reiselust seines Vorgängers (104 Auslandsaufenthalte) ist es Benedikt XVI. zumindest gelungen, »ein Land zu finden, das Johannes Paul II. noch nicht bereist hat«, wie Pressesprecher Federico Lombardi süffisant bilanziert.

Der Jesuitenpater verteilt auf dem Heimflug an jeden Journalisten eine Erinnerungsmedaille der Reise und einen vom Papst gesegneten Rosenkranz. Das hat Stil. Benedikt selbst bleibt auf dem Heimflug mit seinem Privatsekretär Georg Gänswein in der vordersten – und bestens abgeschirmten – ersten Reihe des Flugzeugs. Während hinter

ihm mit Wein oder Sekt auf den Erfolg der Reise angesto-
ßen wird, bestellt sich Benedikt XVI. üblicherweise Fanta.

Haben wir schon erwähnt, dass mit einem Papst an Bord
jegliche Art von Flugangst verfliegt?

Bevor mir vor Erschöpfung an Bord die Augen zufallen,
denke ich über einen nachhallenden Papstsatz nach, der wegen der politischen und ökumenischen Dimension der
Reise auch bei den Gastgebern in Zypern fast untergegangen wäre: »Kinder«, sagte Benedikt bei einer besonders far-
benfrohen Feier auf dem Gelände einer Grundschule in Ni-
kosia, »sind das wertvollste Geschenk des allmächtigen
Gottes.«

So schlicht, so wahr und eigentlich selbstverständlich.
Was sagt es über unsere Gesellschaft, wenn man für die Kin-
derliebe des Papstes nach dem Missbrauchsskandal das
Wort »eigentlich« benötigt?

Parkplatz
Petersplatz

Wie es denn so ist, im Vatikan zu arbeiten?

Die meisten Menschen, die mir diese Frage stellen, schauen ein wenig bedröppelt und enttäuscht, wenn sie erfahren, dass sich ein Großteil meiner Arbeit außerhalb der berühmten Mauern abspielt, die die 0,44 Quadratkilometer des kleinsten Staates der Welt umgeben und die als einzige in Rom von Graffiti-Sprayern und Plakat-Klebern verschont werden.

Die wenigsten wissen, dass es rund um die berühmte Hauptzufahrtsstraße Via della Conciliazione exterritoriale Mini-Inseln gibt, die rechtlich dem Kirchenstaat zugeordnet sind. Etwa das Redaktionsgebäude von Radio Vatikan mit Blick auf die Engelsburg. Und auch das Presseamt des Heiligen Stuhls, wo mein kleiner Schreibtisch steht, einen Steinwurf vom Petersplatz entfernt.

Doch in diesem Kapitel soll vom tatsächlichen Herzen des Kirchenstaates die Rede sein, den Alexander Smoltczyk, Ex-»Spiegel«-Mann in Italien, einmal augenzwinkernd »Vatikanistan« genannt hat. Und das nicht nur, weil sich der Heilige Stuhl den Spaß erlaubt, seine Geldautomaten auf Lateinisch zu programmieren. Wenngleich am Ende keine Denare mit Kaiserköpfen aus dem Automaten purzeln, sondern ganz normale Euro-Scheine.

Aber bis zum Geldautomaten muss man als Normalsterblicher erst einmal vordringen. Denn wer den Fehler macht, nicht, wie jährlich Millionen von Pilgern, die Vatikanischen Museen mit der Sixtinischen Kapelle als Höhepunkt zu besuchen, kommt gar nicht so leicht rein in den kleinsten, zugleich bestüberwachten Staat der Welt: 5000 Kameras geben die Sicherheitsbehörden zu, wahrscheinlich sind es noch viel mehr.

Der beeindruckendste, aber selbst für Korrespondenten nur in absoluten Ausnahmefällen zugängliche Eingang zum Apostolischen Palast und hinauf zum Damasushof, wo die Staatsgäste für ihre Audienzen eintreffen, ist das Bronzetor (»Portone di Bronzo«) direkt am Petersplatz. In aller Regel führt der Zugang über den Eingang der »Porta Angelica« an der kleinen Kirche Sant'Anna, wo auch der Eingang zur Kaserne der Schweizergarde liegt.

Ganz egal, ob der Weg zu Monsignore Gänswein in seinem winzigen Besprechungszimmer führt oder zu einer offiziellen Audienz mit einem Staatsgast (der stets zwei der beim Vatikan dauerakkreditierten Journalisten beiwohnen dürfen): Der Weg führt immer durch die »Sala Clementina«. Aus ihr wird schnell mein heimlicher Lieblingssaal mit seinem blitzeblanken Marmorfußboden und dem stets anderen, stets besonderen Lichteinfall.

Intimer und deshalb bevorzugt für die Treffen mit den Mächtigsten dieser Welt (mit Ausnahme des Chinesen kommen sie alle) ist die sogenannte Privatbibliothek, die jedoch kein einziges privates Buch von Benedikt XVI. enthält. Die stehen alle ein Stockwerk höher in der dritten Loggia, im »echten« Arbeitszimmer des Papstes. In seinen

nicht gerade staubfreien Regalen, die er aus Sparsamkeits-
gründen noch aus seiner Professorenzeit aufbewahrt hat.

Beeindruckend einfaches Prinzip: Der Papst, der Dut-
zende Bücher am Tag geschenkt und zugeschickt bekommt,
hält sich dabei an eine eiserne Regel: Wenn ein neues Buch
in seine Bibliothek aufgenommen wird, muss dafür ein altes
raus …

Auf dem Schreibtisch steht kein Computer, der Papst
schreibt bis zum letzten Tag seines Pontifikats am liebsten
mit Bleistift. Im Regal steht im Silberrahmen einer seiner
wertvollsten privaten Schätze: ein Foto, das ihn mit seinen
Geschwistern Maria (†1991) und Georg (geb. 1924) bei einem Südtirol-Urlaub Anfang der 80er-Jahre zeigt.

Vom Arbeitszimmer weg geht das Fenster, aus dem er jeden Sonntag Punkt 12 Uhr das Angelus-Gebet spricht, die
Menge auf dem Petersplatz segnet. Von dort blickt er in
Richtung Süden, Richtung seines langjährigen Arbeitsplat-
zes, der Glaubenskongregation.

Am dortigen Eingang, den Besucher der Generalaudienzen im Winter in der Audienzhalle nutzen, stehen stets zwei
Schweizergardisten. Sie müssen ein besonders dickes Fell
haben, was Erinnerungs-Handyfotos (neudeutsch: »Sel-
fies«) betrifft.

Vormittags von 7 bis 12 Uhr haben alle Landsleute der
auf dem »deutschen Friedhof« (»Campo Santo Teutonico«) bestatteten 1400 Seelen hier ein unschätzbares Pri-
vileg: Sie dürfen nach kurzer Sicherheitskontrolle passieren,
um den Friedhof zu besuchen, der gemäß Lateranverträgen
von 1929 nicht zum Vatikan gehört, aber nur durch ihn er-
reichbar ist.

Der deutsche Friedhof ist klein, zählt aber mit seiner
Pflanzenpracht zu den schönsten der Welt. Er wurde von

Papst Benedikt XVI., als er noch Kardinal und Chef der Glaubenskongregation war, gern als inspirierende Oase der Ruhe genutzt. Außerdem las er in der angrenzenden Kirche Santa Maria della Pietà einmal die Woche die Frühmesse, eine Tradition, die er zum Leidwesen der Stammbesucher mit dem Tag der Papstwahl aufgab. Hier fütterte und streichelte er, wenn er sich unbeobachtet fühlte, manchmal Katzen.

Das anliegende Gebäude ist Sitz eines Priesterkollegs für 24 Priester und Theologiestudenten, die teils an der Römischen Kurie arbeiten, teils an der Uni lehren oder ein Aufbaustudium absolvieren. Das Kolleg gilt als und Talentschmiede. Die Dachterrasse ist Legende und bietet an lauen Sommerabenden ein Panorama zum Niederknien.

Für Rom-Korrespondenten ist das Gebäude aber noch aus anderen Gründen interessant: In der Aula im Erdgeschoss finden praktisch alle wichtigen Pressekonferenzen statt, für die die Deutsche Bischofskonferenz verantwortlich zeichnet.

Die Aula ist, wenn man so will, die »Mixed Zone« für Journalisten und Geistliche: Nur hier kann man nacheinander so unterschiedliche Kirchenpersönlichkeiten wie die Kardinäle Lehmann, Woelki, Marx, Kasper, Meisner oder Brandmüller treffen, die – Zeitgeist hin oder her – mit »Eminenz« angesprochen werden. Bischöfe sind »Exzellenzen«, egal, ob ihre Karriereaussichten tatsächlich noch »exzellent« sind oder nur irgendwann mal waren.

Übervoll ist die Aula vor allem, wenn die Bundeskanzlerin und protestantische Pastorentochter Angela Merkel beim Papst vorbeischaut.

Ein kurioser Anblick bietet sich dann: Da steht eine Frau im schwarzen Hosenanzug mit schlichtem Schmuck unter

Männern in leuchtend roten »Kleidern« und nicht gerade dezenten Goldketten.

Angela Merkel hat sich im Vatikan keine Freunde gemacht, als sie im Streit um Holocaust-Leugner und Piusbruder Williamson den Papst zum Handeln aufforderte. In Italien ist sie aufgrund der harten EU-Sparvorgaben, die angeblich ihre Handschrift tragen, zunehmend umstritten. Doch insgeheim würden die meisten Italiener sie sofort gegen eine x-beliebige Anzahl von Politikern in Rom eintauschen.

Besonders nötigt den Berlusconi-geplagten Italienern Respekt ab, dass die Kanzlerin bei ihren Italien-Urlauben (Ostern auf Ischia und im Sommer in Sulden in Südtirol) die Bodenständigkeit in Person geblieben ist, sich etwa jeden Weinrest nach dem Abendessen mit ihrem Mann für den nächsten Tag verkorken lässt. Es heißt auch, dass dem prominenten Ehepaar die Getränke in der Minibar zu teuer sind, sie lieber einen Abstecher zum nächstgelegenen Tante-Emma-Laden machen, um einzukaufen.

Zum Vergleich: Regierungschef Berlusconi, so konnten die Italiener lesen, wurde über viele Jahre täglich kistenweise frischer Fisch in seine Villa bei Mailand geliefert. Bis jemandem irgendwann mal auffiel, dass der »Cavaliere« gar keinen Fisch anrührt, weil er Fisch hasst.

An einer Supermarktkasse wie Angela Merkel in Berlin hat den verschwenderischen Milliardär, der sich für seine Villa auf Sardinien einen künstlichen Vulkan und ein Kakteenmuseum bauen ließ, zumindest in den letzten 30 Jahren niemand mehr gesehen.

Direkt neben dem Friedhof liegt die nach Paul VI. benannte Audienzhalle. Das Beste, was man über die Bausünde im Schatten des Petersdoms sagen kann, ist: Es passen viele

Menschen rein. Und auf dem Dach ist Platz für Solarzellen, die Papst Benedikt XVI. als erster »Öko-Papst«, jedenfalls als erster Verfechter von Nachhaltigkeit im Vatikan, installieren ließ.

Auch die Akustik in der Audienzhalle ist nicht gerade berauschend. Trotzdem geben sich hier die weltweit besten Dirigenten und Orchester die Klinke in die Hand. Denn wer träumt als Musiker nicht davon, einmal vor dem Papst zu spielen, der ein ausgewiesener Klassik-Kenner und Klavierspieler ist? Noch dazu, wenn es Gönner wie Italiens Staatspräsidenten Giorgio Napolitano gibt, die Benedikt XVI. Jahr für Jahr mit einem Konzert beschenken, das dann natürlich auch für alle Bewohner und Mitarbeiter des Vatikans gratis ist.

Eingeladen werden zu solchen Events auch immer die beim Heiligen Stuhl akkreditierten Diplomaten. Das führt zu einer Notlösung, die man selbst im chronisch vom Verkehrsinfarkt bedrohten Rom kaum glauben mag. Und durch die der nicht mehr ganz taufrische Witz über die Zweitbedeutung der »SCV«-Autokennzeichen des Vatikans (für »Stato della Città del Vaticano«) eine zusätzliche Dimension bekommt: Für Spötter bedeutet die Abkürzung SCV schlicht »Se Cristo vedesse«, zu Deutsch: »Wenn Christus das sehen würde« …

Die unglaubliche Notlösung lautet: An diesen Tagen wird der Petersplatz für ein paar Stunden zum PARKplatz umfunktioniert.

Asche über mein Haupt: Als ich einmal eines dieser Gratis-Konzerttickets ergattere, MUSS ich den »Peterspark-platz« ausprobieren. Nach Konzertende warte ich, bis alle Diplomatenschlitten verschwunden sind und mache ein Beweisfoto. Unter allen Bildern, die in meiner Korrespondentenzeit entstanden sind, wird dieses am häufigsten für eine plumpe Fotoshop-Fälschung gehalten: Mein kleiner Audi-Zweitürer auf dem Petersplatz mit Apostolischem Palast als Hintergrund im Abendlicht. In drei Worten: Urbi et Audi.

Apropos Auto: Ja, es ist ein besonderes Gefühl, im einzigen Tempo-30-Staat der Welt eine Runde drehen zu dürfen. Es gibt zwar eine Ampel, aber, jedenfalls soweit bekannt, keine Radarfalle. Dafür ein Parkhaus, das so sauber ist, dass sich Japaner davor glatt die Schuhe ausziehen würden. Schnell fahren darf hier außer dem Papst-Chauffeur nur noch die Vatikan-Feuerwehr, die auch schon einmal wegen Benedikts besonderer Vorliebe zu echten Wachsweihnachtskerzen ausrücken musste (nur die Krippe war nicht mehr zu retten).

Geradezu Kultstatus genießt die kleine Tankstelle an der Piazza Santa Marta, wo die Glückspilze mit Staatsbürgerschaft oder Mitarbeiter-Ausweis zum Spottpreis tanken können. Ausnahmen gibt es nur selten, in meinem Fall ein einziges Mal, auf der Basis einer vom Tankwart mit viel Fantasie erfundenen Notlüge. Wieso nur kommt mir, als ich mit päpstlichem Sprit im Tank wieder in den hupenden Römischen Straßenverkehr einbiege, der Begriff »spiritus sanctus« in den Sinn?

Direkt an dem Platz liegt auch die Mosaikwerkstatt, deren Geschichte bis ins 16. Jahrhundert zurückreicht, die zum Erhalt der uralten Kunst 26.000 verschiedene Farbtöne bereithält. Lästerzungen sagen: Solange sich die Kirche Steinchen in 26.000 Farbtönen leistet, kann es noch nicht so arg um ihre Finanzen bestellt sein.

Daneben erstreckt sich das Gästehaus Santa Marta, wo die Kardinäle während des Konklave schlafen und essen. Unvorstellbar in diesem Moment, dass hier eines Tages Benedikts Nachfolger wohnen wird und ich ihn eines Tages zur Frühmesse besuchen werde.

Noch ein paar Schritte weiter erreicht man das Mekka aller Münzliebhaber, das »Ufficio Filatelico e Numismatico«. Hier können Sammler, wenn sie es denn einmal geschafft haben, sich zu registrieren, die begehrten Vatikan-Euro-münzensätze mit dem Antlitz des Papstes ergattern, ebenso die noch größeren Raritäten in Silber und Gold. Das Bearbeitungstempo ist allerdings so, dass man sich besser ein bis zwei Romane für die Warteschlange mitnimmt.

Klingt all dies noch irgendwie fromm, so wird es eine Straßenserpentine höher richtig weltlich: Im ehemaligen Bahnhofsgebäude ist ein Kaufhaus untergebracht, dessen Sortiment auf drei Etagen zwar übersichtlich ist, aber aus Edel-Marken für Elektronik über Mode, Uhren, Schmuck und Parfums besteht. Zweimal im Jahr ist Schlussverkauf. »Geworben« wird dafür per Rundmail, in einer herrlich verdrucksten Sprache.

Sogar eine Damenwäscheabteilung gibt es im »Kaufhaus des Kirchenwestens«. Allerdings hängt nichts an den Kleiderständern, was betagtere Prälaten erröten lassen könnte: Spitzen sind und bleiben in diesem einzigartigen Staat den Messgewändern vorbehalten.

Hatte ich schon erwähnt, dass sich Steuerfreiheit für Vatikan-Shopper richtig lohnt? Was zur Folge hat, dass sich so mancher hier ungeniert mit dem Monatsbedarf an Alkoholika, Zigaretten und kubanischen Zigarren eindeckt. Ob eine Art »Duty-free-Shop« im Schatten des Petersdoms wirklich sein muss, ist eine andere Frage, zumal auch aus dem einzigen Vatikan-Supermarkt auf der anderen Seite der Basilika kistenweise harte Alkoholika geschleppt werden. Eines muss man den Brüdern im Geiste allerdings lassen:

Sie trinken auf sehr hohem Niveau: So gibt es Grappa in einer Art Parfumflakon abgefüllt, mit dem man die morgendliche Espressotasse (Dosierungs-Empfehlung: »drei bis vier Spritzer«) bestäuben kann.

Auch am zweiten Haupttor in den Vatikan, der »Porta Sant'Anna«, gibt es einen Trick, wie jedermann an den strengen Schweizergardisten vorbeikommt. Die päpstliche Tageszeitung (»L'Osservatore Romano«) bietet in einem etwas versteckten Shop in der ersten Seitengasse rechts Fotoabzüge von allen Audienzen und öffentlichen Auftritten des Papstes an, dazu Poster, nette Gimmicks wie USB-Sticks mit Vatikan-Wappen. Der kleine Laden (»Servizio Fotografico«) ist für jedermann zugänglich, das heißt, während der Öffnungszeiten lassen die Gardisten jeden durch, der sich freundlich als Kunde zu erkennen gibt.

Wer noch ein wenig tiefer in Richtung Apostolischer Palast in das Staatsgebiet vordringen will, muss an einer zweiten Sicherheitsschleuse vorbei, an der die diskret auftretende Gendarmerie des Vatikans das Sagen hat. Ab hier gilt: Passkontrolle – und Rezeptpflicht. Der Grund für die gelegentlich langen Schlangen ist die Apotheke des Vatikans, die viele internationale Medikamente bereithält, die in Italien nur schwer oder gar nicht zu bekommen sind.

Linkerhand fällt der Blick auf einen mittelalterlich anmutenden Turm. Hier ist das Finanzzentrum des Vatikan untergebracht, die skandalumrankte Vatikanbank IOR (»Istituto per le Opere di Religione«, »Institut für die religiösen Werke«), die über die vergangenen Jahrzehnte ein Eigenleben entwickelt und Papst Benedikt XVI. viel Kummer bereitet hat. Milde formuliert. Von ihr muss später im Buch noch die Rede sein.

Wer die Hauptstraße weiter geradeaus geht, kommt zu

einer dritten Kontrolle, und dann ist er nur noch einen Steinwurf entfernt: Der legendäre holzvertäfelte Aufzug, der Besucher des Apostolischen Palastes zu Papst Benedikt (Privaträume im 3. Stock, Audienzräume im 2.) oder zu seinem Privatsekretär bringt. Aus Sicherheitsgründen wird jeder fremde Besucher von einem Schweizergardisten in Zivil begleitet.

An diesem Tag im Herbst 2010 gibt es einen rührenden Anlass für meinen Besuch bei Monsignore Gänswein: Das Happy End in Chiles »San-José«-Bergwerk. 69 Tage lang waren nach einem Unglück 33 »Mineros« in 600 Meter Tiefe eingeschlossen. In einer beispiellosen Rettungsaktion gelang es den Helfern, die Eingeschlossenen nach und nach per Kapsel unversehrt wieder ans Tageslicht zu befördern.

Was nur wenige wussten: Die Bergleute waren fromm, hatten in der Tiefe gemeinsam gebetet und auf einer chilenischen Flagge unterschrieben, mit der sie sich bei Papst Benedikt für die gesegneten Rosenkränze bedankten, die er ihnen als Hoffnungsschimmer geschickt hatte.

Benedikt nahm großen Anteil am Schicksal der Kumpel. Nach den Worten seines Privatsekretärs, der mir die Flagge zeigt, betete er Tag für Tag davor, ohne dass die Öffentlichkeit davon Wind bekommen hätte. Denn Benedikt XVI. wurde zwar gegen Ende seines Pontifikats zum ersten »Twitter-Papst«, blieb jedoch in der Darstellung eigener Taten oder gar Gefühle äußerst zurückhaltend. Selbst seinem Pressesprecher band er nicht immer auf die Nase, was ihm wirklich am Herzen lag.

»Glaube kann Berge versetzen« – an diese Redensart muss ich denken beim Gedanken an die Freudentränen auf der gegenüberliegenden Seite der Erdhalbkugel, die an diesem Tag die TV-Nachrichten bestimmen. Ich verlasse den

Apostolischen Palast und den Vatikan mit Fotos und einem kleinen Video im Kasten. Und verkenne in meiner Hochstimmung, dass inmitten der Weltsensation alle Medien nur um die Bilder und Geschichten der Geretteten wetteifern. Die Heldenrolle ist längst besetzt, von Mensch und Technik. Päpstlicher oder gar göttlicher Beistand taugen höchstens noch für die Splitterleiste.

»Das nächste Mal«, blafft mich ein nassforscher Kollege in Berlin nach Überspielen des immerhin weltexklusiven Videomaterials an, »brauchen wir aber mehr Schnittbilder.«

Papstmesse
mit Berlusconi

Es ist wie eine Zeitreise zurück ins Jahr 2005, als die Beerdigung von Papst Johannes Paul II. die Menschen aufgewühlt hat: Im Petersdom wird zu den Seligsprechungsfeierlichkeiten von Benedikts Vorgänger am 1. Mai 2011 noch einmal dessen Leichnam vor dem Altar aufgebahrt.

Wir Korrespondenten werden zusammen mit einer Gruppe von Vatikan-Angestellten ausnahmsweise durch die Hintertür vorgelassen. Einmal mehr ist spürbar, wie der Polen-Papst in vielen noch immer allertiefste religiöse Gefühle aufwühlt. Einige Vatikan-Mitarbeiter sehe ich zum ersten und einzigen Mal weinen.

Zu den Feierlichkeiten auf dem Petersplatz ist, so hat es jedenfalls den Anschein, halb Polen nach Rom gekommen. Die ganze Nacht über singen und beten die Pilger und versuchen, sich in eine gute Startposition zu bringen, wenn gegen 6 Uhr morgens die Sicherheitsschleusen geöffnet werden. Sie haben überwiegend lange und beschwerliche Bus- und Zugfahrten für diesen einen Moment auf sich genommen, von den Kosten ganz zu schweigen. Einige pilgerten mit dem Fahrrad oder sogar zu Fuß nach Rom.

Die Ehrengäste aus aller Welt? Kommen ein paar Minuten vor Beginn und machen es sich auf den besten Plätzen direkt am Altar bequem. So auch Italiens gewohnt selbstgefällig wirkender Ministerpräsident Silvio Berlusconi.

Ich seufze. Erst ein paar Wochen ist es her, dass ich ein merkwürdiges Interview mit der Teenagerin geführt hatte, die im Zentrum des »Bunga Bunga«-Skandals um anrüchige Partys in Berlusconis Villen stand: Jene von zu Hause ausgerissene Nachtclub-Tänzerin mit dem Kunstnamen »Ruby Rubacuori« (»Herzensdiebin«), die noch minderjährig war, als Berlusconi ihr Geldumschläge mit obszönen Summen und seine Handynummer zusteckte. Deren Freilassung aus dem Polizeigewahrsam er erwirkte, mit der märchenhaften Behauptung, sie sei die Enkelin von Ägyptens (damaligem) Staatschef Mubarak.

Vor Gericht wird das dem Cavaliere später den Vorwurf von Amtsmissbrauch und der Prostitution mit Minderjährigen einbringen, denn die Richterinnen der ersten Instanz zweifeln nicht an sexuellen Gegenleistungen der Nachtclub-Tänzerin. Herauskommen wird später auch noch, dass sich die junge Marokkanerin, die sich in ihren Aussagen ständig selbst widersprach, von Berlusconis Geld eine Abtreibung finanzieren ließ.

Nun kann man leicht argumentieren, dass mit Simbabwes Diktator Mugabe ein noch viel fragwürdigerer Zeitgenosse am Altar des Herrn Platz nehmen darf (trotz EU-Einreiseverbot, für den Vatikan gelten Sonderregeln) und dass an einem solchen kirchenhistorischen Tag auch mal alle Augen zugedrückt werden müssen.

Aber nur Berlusconi bringt das Kunststück fertig, während einer weltweit live übertragenen Messe vor laufenden Kameras einzuschlafen.

Wieder einmal schämt sich ein großer Teil Italiens fremd

für seinen drittreichsten und umstrittensten Einwohner, der während seiner Regierungsjahre kein politisches Fettnäpfchen ausgelassen und Italien in Bezug auf seine Werte-Basis vom Rest Europas getrennt hat.

Aus vielerlei Gründen müssen sich der Papst und der Vatikan zurückhalten mit einer moralischen Wertung dessen, was sich Berlusconi und die politische Klasse Italiens an Instinktlosigkeiten leistet, während das Land in einer tiefen Wirtschaftsdepression und Rekordschulden versinkt.

Beispiel gefällig? Als Berlusconi von einer jungen Frau auf das Fehlen von Sicherheit und Job-Perspektiven angesprochen wurde, was die Gründung einer Familie unmöglich macht, rät er ihr: »Heiraten Sie doch einen Sohn Berlusconis oder jemanden Ähnlichen. Mit Ihrem Lächeln können Sie es sich leisten.«

Einmal, am Ende einer Generalaudienz, sind sich einige Insider allerdings sicher, einen versteckten Seitenhieb auf Berlusconi erkannt zu haben. Als Benedikt XVI. unter Bezug auf das ungelöste Müllproblem in Neapel spontan anmerkt: »Es gibt nicht nur den Müll auf den Straßen. Es gibt auch den Müll in uns, in unseren Gewissen, unseren Seelen ...«

Vatikan-intern gibt es eine klare Linie: Die politischen Drähte laufen über Italiens Staatspräsident Giorgio Napolitano, der über die Jahre ein enger Vertrauter des Papstes geworden ist. Napolitano wird übrigens auch der einzige Politiker sein, den Benedikt XVI. bei seiner Kurz-Rückkehr in die Weltöffentlichkeit im April 2014 bei den Heiligsprechungsfeierlichkeiten für die Päpste Johannes XXIII. und Johannes Paul II. persönlich begrüßen wird.

Zweiter Ansprechpartner ist in dieser Zeit der als recht integer geltende Berlusconi-Vertraute Gianni Letta. Begegnungen mit dem Regierungschef werden über die Jahre dagegen immer deutlicher vermieden. Was sich blitzartig ändern wird, als der tiefgläubige Mario Monti für ein Jahr die Berlusconi-Nachfolge antreten darf.

Das Unmögliche geschieht in einer milden römischen Novembernacht 2011: Berlusconi reicht seinen Rücktritt beim Staatspräsidenten ein und Tausende seiner Gegner feiern auf den Straßen mit Prosecco und Tanz. Diese Nacht mit spontanen Konzerten, wehenden Tricolore-Fahnen auf hupenden Vespas, gehört zu den denkwürdigsten Erlebnissen des Romkorrespondenten.

Groß ist für einen Moment die Hoffnung auf eine politische und moralische Kehrtwende, auf ein Ende der wirtschaftlichen Depression, die eine ganze Generation an Schul- und Universitätsabgängern bestenfalls in Zeitverträge, meist aber in unbezahlte Praktika oder Arbeitslosigkeit (unter Jugendlichen: 40 Prozent) oder gleich ins Ausland zwingt.

Ebenso scheint in diesem Moment völlig ausgeschlossen, dass Berlusconi nur Monate später ein politisches Comeback gelingen könnte, das ihn sogar wieder vom Amt des Staatspräsidenten träumen lässt. Ehe er 2013 erstmals rechtskräftig – als Steuerbetrüger – verurteilt wird und sich eine Reihe politischer Weggefährten und ein Großteil der Wähler von ihm abwenden.

Ein einziges Mal sollte es mir in dieser Zeit gelingen, Europas lange Zeit umstrittensten Regierungschef zu einem Interview zu bewegen.

Wir treffen uns an einem Juliabend 2012 in seinem gediegenen Palazzo Grazioli. Wahrscheinlich kosten hier die Tapeten mehr als mein ganzes Mobiliar. Berlusconi sieht, das muss man ihm lassen, gut aus an diesem Abend. Er joggt jetzt regelmäßig und hat abgespeckt, wie er leutselig erzählt. Zur Wahrheit gehört auch, dass Berlusconi ganz grundsätzlich mehr Ausstrahlung als Staatsmann hat als ganze Busladungen deutscher Provinzpolitiker zusammen. Das wird außerhalb Italiens, wo man Berlusconi nur noch als eine Art Polit-Clown wahrnimmt, oft übersehen.

Was der eitle Haarimplantat- und Schuh-Innenabsatz-Träger allerdings nicht bemerkt, ist die Peinlichkeit seiner ewigen Macho-Sprüche. Bei einem ganz besonders schlüpfrigen bittet er mich, vorher das Aufnahmegerät auszuschalten. Er lacht herzlich über seinen Altherren-Witz, natürlich als Einziger.

Was Reporter am allerwenigsten leiden können ist, wenn Politiker sie allzu durchsichtig vor ihren Karren zu spannen versuchen. Berlusconi hatte seinen Hoffotografen gebeten, eine Foto-CD mit gemeinsamen Hochglanz-Aufnahmen von Bundeskanzlerin Angela Merkel und ihm zusammenzustellen. Berlusconi war nicht entgangen, dass die Kanzlerin auf größtmögliche Distanz zu ihm gegangen war, nachdem eine vulgäre Lästerattacke bekannt geworden war, die an den Rand diplomatischer Verstimmungen geführt hatte. Zerrüttet war das Verhältnis zu Italiens Regierung aber schon vorher, durchaus auch auf Ministerebene.

Nun also die Charme-Gegenoffensive: Als ich ihn frage, ob sein Verhältnis zur Kanzlerin zerrüttet sei, säuselt Berlusconi:

»Ganz im Gegenteil. Meine Beziehung zu Frau Merkel ist sehr herzlich. Ich schätze sie wegen ihrer Offenheit, ihrer Seriosität, ihrer Kompetenz und ihres Engagements. Und ich vergesse nicht, dass sie zusammen mit mir das Erdbebengebiet in den Abruzzen besucht hat.«

Berlusconis Problem dabei ist, dass er die Sparpolitik seines Nachfolgers Mario Monti für grundverkehrt und zudem von Berlin gesteuert hält. Das bricht irgendwann doch aus ihm heraus:

»Man spürt derzeit eine gewisse deutsche Vormachtstellung in Europa. Und gerade deshalb wünschen wir uns von Berlin eine weitblickende, solidarische und offene Europapolitik. (…) Wir kritisieren die übertrieben strenge Sparpolitik, weil wir denken, dass sie den Fortschritt hemmt. Wir wünschen uns ein europäischeres Deutschland, und kein »deutscheres« Europa.«

Das BILD-Interview wird unter dem Titel »Wir wollen kein deutscheres Europa« erscheinen.

Seine Sichtweise auf den Bunga-Bunga-Skandal interessiert mich natürlich brennend, und noch mehr die Frage, ob der in zweiter Ehe verheiratete Milliardär, der sich für seine Villa eine Supermann-Statue mit seinem Antlitz fertigen ließ, im Nachhinein die Größe zur Selbstkritik zeigt. Hier die Interview-Passage:

Korrespondent:

»Mit nichts haben Sie zuletzt mehr Aufsehen erregt als mit Ihren Partys. Hand aufs Herz: Was haben die Ihnen im Alter von 75 Jahren gegeben?«

Berlusconi:

»Fragen Sie lieber, wie aus einer ganz und gar privaten Angelegenheit eine Staatsaffäre werden konnte. Das Ganze war eine monströse Diffamierungskampagne unserer teils linksgerichteten Justiz. Das ging sogar gegen die Mädchen, die in Verbindung mit Prostitution gebracht wurden. Dabei haben sie nur getanzt wie in jeder anderen Diskothek auf der Welt. Alle Vorwürfe

werden sich in Luft auflösen, wie in den anderen Pro-
zessen, die gegen mich geführt wurden. Es waren mehr
als 50 und ich habe mehr als 428 Millionen Euro für
Anwälte und Rechtsbeistand ausgegeben …«

Keine weiteren Fragen …

Am Ende darf ich ein paar Minuten lang Berlusconis staats-
männisches Arbeitszimmer bewundern. Es gibt unzählige
gerahmte Bilder von der Sorte »Ich & andere wichtige
Menschen der Welt«. Darunter auch eines, das den »Cavaliere« mit Papst Benedikt XVI. zeigt. Was mich wirklich
überrascht.

Irgendwoher kramt Berlusconi einen Geschenkkarton
mit einer Edel-Krawatte hervor, die er mir zum Abschied
schenken will. Meine Ablehnung unter Hinweis auf unsere
strengen Unabhängigkeits-Richtlinien, die keine Geschenke
über 20 Euro Wert erlauben, macht ihn baff: »Ihre italienischen Kollegen fragen immer, ob sie noch eine zweite bekommen könnten, für ihren Vater«, sagt er und lacht ein
seltsames, freudloses Lachen.

Irgendwie bin ich froh, dass er mir in den anderthalb
Stunden unserer persönlichen Begegnung nicht sympa-
thisch geworden ist.

Benin ist nicht Berlin:
Denkwürdige Reisen mit Benedikt

In der Zeit zwischen Sommer 2011 und Frühjahr 2012 fallen vier Reise-Highlights für Benedikt XVI. zusammen.

Als Erstes führt ihn die – auch nicht immer glückliche – Regie der Vatikanischen Reiseplaner nach Madrid zum Weltjugendtag, wo ihn jene August-Hitze erwartet, vor der er in Rom immer nach Castelgandolfo flieht: Er verträgt einfach keine Temperaturen um 40 Grad.

Es ist jedoch ein bisschen wie bei den großen Sommer-Open-Airs: Für den Star auf der Bühne gibt es Sonnensegel, Ventilatoren und sogar eine Dampf-Klimaanlage. Die Jugendlichen hingegen müssen stundenlang in der Mittagshitze ausharren, wenn sie den ersten Abend-Auftritt Benedikts aus der Nähe miterleben wollen. Und die Frage, ob man sie nicht kostenlos und effizient mit Wasserflaschen versorgen müsste, müssen sich die spanischen Veranstalter gefallen lassen.

Viele, die beim Weltjugendtag 2005 in Köln dabei waren, schwärmen bis heute von dem Gemeinschaftserlebnis. In Madrid ist alles noch ein bisschen bunter, internationaler, feuriger. Vielleicht stimmt es, dass 1,5 Millionen Jugendliche mit Schlafsack und Isomatte kein realistisches Bild der

Kirche Roms zeichnen. Aber Jubel und Fahnenschwenken als Reaktion auf den Satz »Die Kirche ist jung und sie lebt dank euch« kann kein Kirchenoberhaupt kaltlassen – selbst Benedikt nicht, der doch so offensichtlich in sich ruht.

»In sich ruhend«. Wenn man einen Moment darüber nachdenkt, ist das vielleicht das auffälligste Wesensmerkmal Benedikts, das ihn durchaus von seinem Vorgänger (und wie sich später zeigen wird: auch von seinem Nachfolger) unterscheidet. Der Kölner Erfolgsautor und Papstfreund Manfred Lütz beschrieb Benedikts Gelassenheit einmal treffend als »christliche Heiterkeit aus seiner Glaubenssicherheit heraus«.

Das zeigt sich etwa, wenn er auf dem Flug nach Madrid über die Gefahr spricht, der Weltjugendtag könnte für viele Jugendliche nur eine Art »Strohfeuer der Begeisterung« sein, die zu Hause schnell wieder von der tristen Kirchen-Realität eingeholt wird.

Benedikts gelassene Antwort:

»Gewiß geht viel verloren, wir können nicht sofort sagen, daß ab morgen wieder ein großes Wachstum der Kirche beginnt. Gott wirkt nicht so. Sondern es wächst in der Stille und mit großer Kraft. Ich weiß, daß aus den anderen Weltjugendtagen viele Freundschaften entstanden sind, Freundschaften für das Leben, viele neue Erfahrungen, daß Gott da ist. Und auf dieses stille Wachstum vertrauen wir. Und auch wenn es nicht aus den Statistiken hervorgeht, so sind wir sicher, daß die Saat des Herrn wirklich wächst. Für sehr viele Menschen ist es der Beginn einer Freundschaft mit Gott und mit anderen, einer Universalität des Denkens, einer gemeinsamen Verantwortung, die uns wirklich zeigt, daß diese Tage Früchte tragen.«

»Wir vertrauen auf das stille Wachstum.« Welch ein Kontrast zu den Prinzipien des Turbo-Kapitalismus, der gerade in Spanien seine hässliche Fratze zeigt, nach geplatzter Immobilien-Blase und Beinahe-Kollaps der Banken. Welche Gelassenheit im Wissen auf eine höhere Instanz. Und welch ein Beweis menschlicher Größe, auf den Bühnen der Welt zu stehen und dennoch auf jede Art von Effekthascherei zu verzichten.

Im Bayerischen gibt es ein schönes Wort dafür, was Benedikt XVI. nie gewesen ist und auf seine alten Tage auf gar keinen Fall mehr werden wollte: ein »G'schaftlhuber«.

Die Jugend der Welt hat ein feines Gespür für diese Art von Authentizität. Sie feiert den großväterlich-strengen Benedikt, der ihnen nie nach dem Mund redet, an diesem ersten Abend auf der altehrwürdigen »Plaza de Cibeles« von Madrid dafür.

Als dann der Chor beginnt, Taizé-Lieder anzustimmen, verschwimmen zwei Glaubensströmungen, die aus der Sicht junger Katholiken eigentlich viel besser zusammenpassen müssten als Papst und Piusbrüder – eine besonders schmerzliche Episode des Pontifikats von Joseph Ratzinger, das in diesem Buch nicht weiter vertieft werden soll.

»Nada te turbe. Nada te espante«, singen engelsgleiche Stimmen zweier junger Schwestern, »nichts beunruhige, nichts ängstige dich«. »Sólo Dios basta« – »Gott allein genügt« (zu finden auf Youtube, mit den Suchworten »JMJ 2011« und »nada«). Es wird die Hymne des ersten Tages, der so strahlend und schön ist. Und an dem nichts auf die Gewitterfront hinweist, die zwei Tage später Spaniens Hauptstadt zum denkbar schlechtesten Zeitpunkt erwischen wird: als der Papst vor eine Million Menschen auf dem Flughafenfeld »Cuatro Vientos« tritt.

Eine Million? Wer schon einmal bei Deutschlands größtem Open-Air-Festival »Rock am Ring« war, weiß immerhin, wie 80.000 aussehen. Diese Menschenmenge mal 12.

Blitze, Donner, ein fast halbstündiger Gewittersturm fegen an diesem Abend über das Gelände. Zelte krachen zusammen, es gibt Verletzte. Die Möglichkeit einer Massenpanik ist greifbar und würde ganz sicher furchtbare Bilder und das Ende der Weltjugendtage in der bisherigen Form bedeuten.

Doch Benedikt XVI. setzt ein machtvolles Zeichen: Er ignoriert seine nervösen Helfer, die längst alle Bemühungen aufgeben mussten, ihn mit Schirmen gegen den Regen zu schützen, und ihn nun am liebsten von der Bühne holen würden. Er signalisiert ihnen und den Jugendlichen: Ich bleibe hier sitzen zwischen Blitz und Donner. Mit nichts als meinem Gottvertrauen. Ich laufe nicht davon.

Sein Manuskript durchweicht, seine Haare zerzausen. Aber Benedikt XVI. wirkt in diesem Moment wie ein unerschütterlicher Fels, dessen Ruhe auf Hunderttausende abfärbt, die bei einem Gewitter auf freiem Feld natürlich die Angst ergriffen hat.

»Ihr seid stärker als der Regen«, lobt er die Jugendlichen, als der Sturm vorüber ist und er das Programm in einer gekürzten »Not-Form« durchzieht. Am nächsten Tag sind alle Kleider getrocknet und Verletzungen verarztet, der Papst wird mit ihnen eine denkwürdige Abschlussmesse feiern.

Noch wird es Monate dauern, ehe der Papst sich mit konkreten Rücktrittsgedanken befasst und ihm klar wird, dass zum nächsten Weltjugendtag in Rio de Janeiro sein Nachfolger fliegen wird. Aber die Szene von Madrid nimmt vorweg, was seine engsten Vertrauten nach dem Rücktritt sagen: dass Benedikt XVI. niemals von Bord gegangen wäre, solange das Schiff der Kirche auf stürmischer See war (fürs Im-Stich-Lassen von Schiff und Passagieren ist in Italien bekanntlich ein anderer Kapitän zuständig ...).

Insofern wird der »Vatileaks-Skandal« des kommenden Sommers den Rücktritt nicht etwa erzwingen, sondern – im Gegenteil – wegen der nötigen Aufarbeitung noch um Wochen oder Monate verzögern.

Ohne Illusion, dass dies sein letzter Besuch in der Heimat sein würde, macht sich Benedikt XVI. im September 2011 noch einmal auf den Weg nach Deutschland.

»Hoffen wir, dass alles gut geht«, sagt er am Rand unserer Begegnung in Castelgandolfo (siehe Prolog, Seite 7ff.) zum Korrespondenten.

Er weiß, dass ein Berlin-Besuch überfällig ist, aber die Skepsis seines Umfelds ist wegen der Negativ-Erfahrungen von Papst Johannes Paul II., der teilweise ausgepfiffen wurde, so groß, dass der Aufenthalt in der Hauptstadt verkürzt wird und wesentliche Programmvorschläge vom Tisch gefegt werden. Es knirscht in diesen Wochen erheblich im Gebälk zwischen Vatikan und Deutscher Bischofskonferenz, zumal man sich mit der ersten Wahl des Berliner Messe-Orts blamiert hat, das Interesse völlig unterschätzt hat.

Bei internationalen Beobachtern sorgt der kühle Empfang in Berlin für Stirnrunzeln: Entlang der Straßen gibt es außer einer zufällig anwesenden Schulklasse und einem älteren Ehepaar auf dem Balkon niemand, der dem Papst auf der Fahrt nach Schloss Bellevue zuwinken oder gar weißgelbe Fahnen schwenken würde. Viele Korrespondenten erinnern sich im direkten Vergleich an London, wo die halbe Stadt auf den Beinen schien, wo eigentlich viel eher mit Gleichgültigkeit gerechnet worden war als in der Hauptstadt des Heimatlandes des Papstes.

Dann hält Christian Wulff, der Hausherr von Schloss Bellevue und Bundespräsident, eine Begrüßungsrede, die manche hinterher selbstbewusst, andere ziemlich anmaßend nennen werden. Weil Wulff einen barmherzigeren Umgang mit »Lebensbrüchen« anmahnt – und doch vor allem auf seine eigene Scheidungsbiografie anzuspielen scheint.

Ihre große Sternstunde erlebt die Berlin-Stippvisite am Nachmittag im Reichstag: Vor der ersten Rede eines Papstes im Bundestag, um die die Linkspartei noch einen unwürdigen Streit angezettelt hatte, tapst Bundestagspräsident Norbert Lammert dem Papst zwar noch ungeschickt auf die weiße Soutane. Aber der Vortrag mit leiser Stimme gelingt dann derart inhaltsstark, dass die Abgeordneten und selbst die Medien einmal allen Klatsch beiseitelassen und lieber das Gehörte reflektieren.

Die Rede von Benedikt XVI. besticht durch Intellekt und Weisheit, etwa, als er den Kern der europäischen Identität beschreibt:

»Die Kultur Europas ist aus der Begegnung von Jerusalem, Athen und Rom – aus der Begegnung zwischen dem Gottesglauben Israels, der philosophischen Vernunft der Griechen und dem Rechtsdenken Roms entstanden. Diese dreifache Begegnung bildet die innere Identität Europas. Sie hat im Bewußtsein der Verantwortung des Menschen vor Gott und in der Anerkenntnis der unantastbaren Würde des Menschen, eines jeden Menschen, Maßstäbe des Rechts gesetzt, die zu verteidigen uns in unserer historischen Stunde aufgegeben ist.«

Draußen ist wieder mal alles abgesperrt. Den ganzen Tag über kommt es zu keinem spontanen Kontakt zwischen Berlinern und Papst.

Am Abend immerhin füllt sich das Olympiastadion für eine gelungene Messe, von der besonders die Worte des neuen Berliner Erzbischofs Rainer Maria Woelki nachhallen. Er nennt den Besuch eines deutschen Papstes in Berlin ein »Jahrtausendereignis«. Und er verteidigt Berlin gegen das Vorurteil, eine »gottlose Stadt« zu sein: »Heiliger Vater (…) Sie kommen in eine Stadt, die auch geprägt ist von Gottvergessenheit und von Atheismus. Sie kommen aber auch in eine Stadt, in der viele Menschen nach Gott suchen und nach Gott fragen.« Woelki, den Benedikt nur wenige Monate später zum Kardinal erheben wird, schließt mit den denkwürdigen Worten: »Nur wo Gott ist, da ist Zukunft – und eine andere haben wir nicht.«

Der Abend endet für die V.A.M.P.-Familie im »Hilton am Gendarmenmarkt«, wo einen keiner jemals fragen würde, ob man gerade von einer Modemesse oder Papstmesse kommt. Wo in etwa so viel Berliner Flair und Luft zu finden ist wie in einer Filiale von »Pizza Hut«. Schade.

Immerhin ist für Flugreisende und Fernsehturmbesucher aus der Luft erkennbar, dass der Papst in der Hauptstadt ist: das Verlagsgebäude von Axel Springer ist aus diesem Anlass mit dem weltgrößten Papstplakat verhüllt, eine XXL-Version der berühmten »Wir sind Papst«-Titelseite vom Tag nach der Wahl. Benedikt XVI. zeigt sich davon tief berührt, die Bilder gehen um die Welt. Ich nehme mir die paar Minuten für einen Spaziergang rund um das 19-stöckige Verlagsgebäude.

Und fühle mich plötzlich wieder so klein wie am ersten Arbeitstag unter der Kuppel des Petersdoms.

Tags darauf werden die Gesichter noch länger. Denn so harmonisch die Bilder von der Begegnung mit den evangelischen Christen an historischer Stätte (dem Erfurter Augustinerkloster, wo Luther als Mönch lebte) wirken: Inhaltlich fremdeln beide Seiten miteinander wie eh und je. Bei der gemeinsamen Andacht lässt Benedikt alle Erwartungen auf eine historische Annäherung mit den Lutheranern platzen, die freilich auch durch seine eigenen Leute geschürt worden waren:

»Im Vorfeld meines Besuches war verschiedentlich von einem ökumenischen Gastgeschenk die Rede, das man sich von einem solchen Besuch erwarte. (…) Dazu möchte ich sagen, dass dies ein politisches Missverständnis des Glaubens und der Ökumene darstellt.« Glaube könne niemals Kompromiss sein. Denn: »Ein selbstgemachter Glaube ist wertlos. Der Glaube ist nicht etwas, was wir ausdenken oder aushandeln. Er ist die Grundlage, auf der wir leben.«

Im Kapitelsaal drückt sich Benedikt noch konkreter aus, als er den schwindenden Gottesbezug der Gesellschaft beklagt: »Nicht Verdünnung des Glaubens hilft, sondern nur ihn ganz zu leben in unserem Heute. Dies ist eine zentrale ökumenische Aufgabe, in der wir uns gegenseitig helfen müssen: tiefer und lebendiger zu glauben. Nicht Taktiken retten uns, retten das Christentum, sondern neu gedachter und neu gelebter Glaube.«

Dieser letzte Teil der Botschaft geht im Aufschrei einiger enttäuschter Protestanten bereits unter.

Eher zäh geht es weiter: Ein Treffen des Papstes mit Missbrauchsopfern wird so geheim gehalten, dass es in der Berichterstattung zwangsläufig fast untergeht. Übereifrige Thüringer Jung-Polizisten nerven die Korrespondenten aus aller Welt. Und der Vatikan-Pressestab vermasselt den Transport nach Etzelsbach, wo eine Marianische Vesper mit dem Papst stattfindet.

Als am anderen Morgen vor der Messe am Erfurter Dom

plötzlich auch noch ein Betrunkener vom Balkon aus mit einem Luftgewehrlauf auf eine Sicherheitsschleuse ballert, scheint der letzte Funke Euphorie für den ersten Papstbesuch in den Neuen Bundesländern erloschen, der Benedikt XVI. doch ein Herzensanliegen war. Wie schon in Berlin versöhnt auch in Erfurt die abschließende Messe.

Wetterglück und die Warmherzigkeit der Menschen in Freiburg sorgen am dritten Tag dann doch noch für den dringend benötigten Stimmungsumschwung. Endlich Begeisterung. In seiner frei gehaltenen Ansprache im Priesterseminar lässt Benedikt Humor durchblitzen, mit Einheitskanzler Helmut Kohl kommt es zur überfälligen historischen Begegnung zweier Jahrhundert-Deutscher.

Die Stimmung beim Abschlussgottesdienst vor 100.000 Gläubigen ist wunderbar und als am Nachmittag 1500 besonders engagierte Christen zur Abschlussrede ins Konzerthaus geladen sind, glauben viele an eine Art nostalgische Bilanz, von der Sorte Friede-Freude-Eierkuchen. Doch Benedikt XVI. überrascht noch einmal alle: Er hat sich sein kirchenpolitisches Vermächtnis, seine brisanteste Rede seit Langem, für diesen Anlass aufgespart. An diesem Nachmittag nimmt er vieles vorweg, wofür sein Nachfolger Papst Franziskus zwei Jahre später als Visionär gefeiert werden wird.

Dabei werden Benedikts Worte vielfach fehlinterpretiert. Die Kernaussage lautet: Um ihre Sendung zu verwirklichen, werde die Kirche »immer wieder Distanz zu ihrer Umgebung nehmen müssen, sich gewissermaßen ›ent-weltlichen‹«.

»Die Kirche (…) hat nichts aus Eigenem gegenüber dem, der sie gestiftet hat, so daß sie sagen könnte: Dies haben wir großartig gemacht! Ihr Sinn besteht darin, Werkzeug der

Erlösung zu sein, sich von Gott her mit seinem Wort durchdringen zu lassen und die Welt in die Einheit der Liebe mit Gott hineinzutragen. (…) In der geschichtlichen Ausformung der Kirche zeigt sich jedoch auch eine gegenläufige Tendenz, daß die Kirche zufrieden wird mit sich selbst, sich in dieser Welt einrichtet, selbstgenügsam ist und sich den Maßstäben der Welt angleicht. (…)

Um ihrem eigentlichen Auftrag zu genügen, muß die Kirche immer wieder die Anstrengung unternehmen, sich von dieser ihrer Verweltlichung zu lösen und wieder offen auf Gott hin zu werden. (…) Die Geschichte kommt der Kirche in gewisser Weise durch die verschiedenen Epochen der Säkularisierung zur Hilfe, die zu ihrer Läuterung und inneren Reform wesentlich beigetragen haben.

Die Säkularisierungen – sei es die Enteignung von Kirchengütern, sei es die Streichung von Privilegien oder ähnliches – bedeuteten nämlich jedesmal eine tiefgreifende Entweltlichung der Kirche, die sich dabei gleichsam ihres weltlichen Reichtums entblößt und wieder ganz ihre weltliche Armut annimmt.

Die geschichtlichen Beispiele zeigen: Das missionarische Zeugnis der entweltlichten Kirche tritt klarer zutage. Die von materiellen und politischen Lasten und Privilegien befreite Kirche kann sich besser und auf wahrhaft christliche Weise der ganzen Welt zuwenden, wirklich weltoffen sein.

Es geht hier nicht darum, eine neue Taktik zu finden, um der Kirche wieder Geltung zu verschaffen. Vielmehr gilt es, jede bloße Taktik abzulegen und nach der totalen Redlichkeit zu suchen, die nichts von der Wahrheit unseres Heute ausklammert oder verdrängt.«

Wie bitte? Eine Kirche der Armen? In Deutschland?

Die sperrige Rede verschwindet recht schnell in den Archiven und wird erst wieder in der Debatte auftauchen, als sich der neue Papst den Namen Franziskus gibt und ebenfalls zu einer »Kirche der Armen« zurückfinden will. Dann wird sich Benedikts »Freiburger Rede« fast wie ein »Regierungsprogramm« seines Nachfolgers lesen: Weg mit Reichtum, Taktik, Selbstgefälligkeit. Eine auf sich selbst fixierte Kirche und Bischöfe mit Koikarpfen-Becken aus Kirchenmitteln braucht im 21. Jahrhundert kein Mensch mehr.

Das Ende der Deutschlandreise ist so kurios wie ihr Anfang. Der Bus mit den Korrespondenten verfährt sich auf dem Weg zum Provinzflughafen Lahr.

Dort, allerdings, zeigt dann die Lufthansa, was sie kann: In sagenhaften 81 Minuten (von 19.36 bis 20.57 Uhr) fliegt sie den Papst und seine Delegation sicher und zuverlässig nach Hause.

Die Zeit reicht weder für ausführlichen Bordservice noch für die nötige Aufmerksamkeit der Journalisten auf die verteilten Telegrammtexte.

Es ist Routine, dass der Papst dem Oberhaupt jedes Staates, dessen Luftraum er überquert, einige Zeilen der Verbundenheit zukommen lässt. Diese sind meist von der »Brisanz« einer Urlaubspostkarte von Tante Helga. Doch diesmal schreibt Benedikt XVI. an Italiens Präsidenten Napolitano, dass er Italien die »Realisierung einer immer gerechteren und solidarischeren Gesellschaft« wünsche. Mancher wird im Rückblick darin die letzte Ermutigung zum Bruch mit Berlusconi herauslesen, der tatsächlich wenige Wochen später abtreten muss.

Während die Deutschen im Vorfeld des Papstbesuchs vor allem am perfekten Sicherheitskonzept gefeilt haben und stolz auf dessen Aufgehen sind, ticken die Uhren ein paar Flugstunden südlich anders: Im Benin werden Lieder für den Papst komponiert, Tänze einstudiert, aus Ballen von Stoff mit seinem Antlitz werden Tausende bunte Frauenkleider geschneidert.

Entlang der Straße, die der Papst in der Stadt Ouidah entlangfährt, bemalen Kinder jedes einzelne Astloch der beschnittenen Bäume mit dem Emblem des Papstbesuchs. Mütter kaufen für ihre Töchter rosa Sonntagskleider. Und die Mutter-Teresa-Schwestern, die sich vor allem um die zahlreichen Aids-Waisen- oder Halbwaisenkinder kümmern, sammeln im Straßenstaub ein weibliches Baby auf, dem sie den Namen »Benedetta« geben.

Benedikt XVI. hegt offensichtlich große Gefühle für den schwarzen Kontinent. Er nennt Afrika schon im Flugzeug eine »Quelle der Hoffnung« für die Kirche, die »geistliche Lunge«, den »geliebten Kontinent«. Vieles könne Europa von den ehemals missionierten Ländern lernen. Afrika habe sich »seine Lebensfreude bewahrt, das vom Schöpfer kommende Leben in der Annahme von Geburten zu feiern«.

Die Begegnung des Papstes mit den Kindern der Mutter-Teresa-Schwestern wird zum unvergesslichen Moment. Mädchen mit kleinen Trommeln holen ihn ab, nehmen ihn in ihre Mitte. Sie singen und tanzen für Benedikt, lachen ihn trotz der denkbar widrigsten Umstände beim Start in ihr Leben mit blitzweißen Zähnen an.

Die Schwestern stellen einige ihrer Schützlinge vor. Diese berühren Papst Benedikt auf eine Weise, die ihm nur selten so anzusehen ist: Benedikt lächelt selbst wie ein kleines Kind, er wirkt für einige Minuten wie befreit von allen Lasten des Amtes. Fast so, als würde er am liebsten mittanzen – wie es sein früherer Weggefährte Johannes Dyba (†2000) einmal in Afrika getan hat.

Ich erinnere mich an ein privates Foto des Kardinals, das

ihn auf dem Boden kniend im Wohnzimmer eines langjährigen bayerischen Bekannten zeigt, mit dessen Kindern er spielt. Nur auf diesem Foto habe ich dieses Lächeln schon einmal an ihm gesehen.

In dieser Nacht denke ich im Hotelbett über meinen wohl größten Hader mit der katholischen Kirche nach: Von jedem ihrer Priester verlangt sie, dass er das »wertvollste Geschenk Gottes« (Papst Benedikt) zurückweist. Ehe- und Kinderlosigkeit als Ausdruck der authentischen Jesus-Nachfolge – dieses Argument will mich einfach nicht überzeugen vom Zölibat. Jedenfalls nicht vom Pflicht-Zölibat für alle Verantwortungsebenen.

Denn wenn der Wunsch eines Geistlichen nach Frau und Familie übermächtig wird, zeigt das mitnichten, dass er als Glaubensvermittler nichts mehr taugt. Und doch zwingt das starre Entweder-oder der Kirche Roms ihn in die tiefste denkbare Lebenskrise und Verzweiflung und oft genug in die Doppelmoral.

Die Barschheit, mit denen die Debatte darüber immer wieder abgewürgt wird, lässt sich rational kaum erklären (es sei denn mit finanziellen Gründen, denn ledige Priester sind nun einmal billiger und flexibler). Und erst recht nicht, dass »gefallene« Priester ihren außerehelich gezeugten Kindern kein Vater sein dürfen, wenn sie ihren Job in der Kirche behalten wollen. So predigen sie weiter über den Wert der Familie und das Recht jedes einzelnen Kindes auf die Präsenz von Mutter UND Vater. Und müssen selbst dagegen verstoßen.

Was die wenigsten wissen: Im Jahr 1970 hat der junge Theologe Joseph Ratzinger (damals 43) u. a. mit den späteren Kardinälen Lehmann und Kasper ein recht aufmüpfiges »Memorandum« verfasst und an die deutschen Bischöfe

geschickt. Darin wird ein »eindringliches Überprüfen« des
Zölibats gefordert. Begründung: »Es ist theologisch einfach
nicht richtig, daß man in neuen geschichtlichen und gesell-
schaftlichen Situationen etwas nicht überprüfen und in diesem Sinne »diskutieren« könne, was einerseits ein mensch-
liches Gesetz (Gebot der Ehelosigkeit) in der Kirche ist
und was als eine anerkannte Wirklichkeit in einem anderen
Bereich der Kirche als reale Übung besteht (vgl. die Ost-
kirchen).«

Die Mini-Rebellion verpuffte wie so viele Reformansätze
nach dem Zweiten Vatikanischen Konzil. Und Benedikt
XVI. hat in diesem Punkt den jungen, vom Konzilsgeist
geprägten Joseph Ratzinger vergessen.

Wann genau ist es passiert, dass ich eine »persönliche« Beziehung zu Papst Benedikt XVI. entwickelt habe, obwohl
die Möglichkeiten direkter Begegnungen doch an einer
Hand abzuzählen sind? Das frage ich mich auf dem 14-Stun-
den-Flug nach Léon (Mexiko).

Vor dem Start hatte ich vom Flugzeugfenster aus den
Heiligen Vater zum allerersten Mal am Stock gehen sehen.
Dies hatte mir einen – unerwartet heftigen – Stich versetzt.

In Madrid waren die ersten unautorisierten Fotos mit
Gehhilfe aufgetaucht, in Erfurt sah man zum ersten Mal,
wie der Papst sich Treppen nach oben tragen ließ. In Rom
bauten sie ihm extra ein rollendes Podest für die 200 Meter
zwischen Sakristei und Altar. Aber dieser Anblick hat noch
einmal eine andere Wucht. Plötzlich lässt sich die Frage aller
Fragen nicht mehr verdrängen, die der Papst in seinem auf-
sehenerregenden Interview-Buch mit Peter Seewald (»Licht
der Welt«) selbst angerissen hat: Sollte ein Kirchenoberhaupt abdanken, wenn ihn die Kräfte verlassen?

Doch dann hatte der Papst wieder robust und vorfreudig gewirkt, als er in ein paar Tausend Meter Höhe seine improvisierte Pressekonferenz eröffnete. Er stand dabei im Gang und ließ sich von plötzlichen Turbulenzen weder aus der Ruhe noch aus dem Gleichgewicht bringen. Die Stimme: leise, aber nicht brüchig wie zuletzt immer wieder mal.

Und überhaupt: Hat Benedikt XVI. nicht die besten Ärzte? Lässt ihm der Reiseplan nicht genügend Zeit für Akklimatisierung und Regeneration? Und was macht eine Phase körperlicher Schwäche schon, wenn der Geist so hellwach ist wie in seinem Fall?

Eines, allerdings, übersteigt sein Vorstellungsvermögen: die Flugroutenberechnung. »Stellen Sie sich mal vor, von Rom nach Mexiko sind wir über Grönland geflogen«, wird er später einem Freund erzählen.

Es ist der 23. März 2012 – ein Jahr später wird Benedikt XVI. nicht mehr im Amt sein. Die Turiner Zeitung »La stampa« ist sich sicher, dass der Papst seinen endgültigen Beschluss zum Rücktritt just in Mexiko gefasst hat, als er im Dunkeln in seinem Zimmer stürzte und sich dabei eine offene Platzwunde zugezogen habe.

Doch bei der Ankunft in Mexiko ist erst einmal nichts als Euphorie: 34 Kilometer lang ist die Strecke des Papstes vom Flughafen in die Stadt. Und Benedikt XVI. kommt an keiner Stelle dazu, den grüßenden und segnenden Arm zu senken, so dicht gedrängt stehen die Menschen, um ihn zu empfangen – auf Dächern, auf Lkw, auf Brücken, überall. 700.000 Gläubige sind es nach den vorsichtigsten Schätzungen.

Wieder und wieder rufen sie: »Benedicto, hermano, yo eres mexicano« (»Benedikt, unser Bruder, jetzt bist du Mexikaner«).

Der Ansturm und die Welle der Herzlichkeit übertrifft noch einmal alles, was der Papst gerade in Madrid und im Benin erleben durfte. »Sind die Deutschen eigentlich sehr stolz auf ihren Papst?«, fragt mich eine mexikanische Kollegin im Bus. Ich verschlucke mich heftig, ehe ich diplomatisch antworte.

Eher locker scheint das Persönlichkeitsrecht in Mexiko geregelt zu sein, denn überall findet sich Benedikt XVI. als Werbeträger auf Großplakaten wieder, ausgerechnet für Schweizer Luxusuhren, aber auch für Handy-Verträge und sogar für Fastfoodrestaurants.

Der Papst ist in Mexiko eben ein Star. Im zweiten Teil der Reise, bei seinem Abstecher ins sozialistische Kuba, ist er ein Exot.

Der Kuba-Trip zeigt exemplarisch, wie wenig »medial« dieser Papst denkt. Wie wenig es ihm darum geht, selbst im guten Licht dazustehen, wenn er nur die Möglichkeit sieht, in der Sache einen Schritt voranzukommen.

So spricht er die Reizthemen Religionsfreiheit und Menschenrechtslage in Kuba zwar mehrfach an. Aber er lässt sich nicht zu einem »fotogenen« Gespräch mit den Symbolfiguren des Protests, den »Damen in Weiß«, drängen. Und er legt die historische Begegnung mit Fidel Castro in einen halbprivaten Rahmen, sodass wenig Zeit für öffentliche Darstellung, aber umso mehr Zeit zum Reden mit dem einstigen Jesuitenschüler bleibt. Und siehe da, Fidel Castro setzt sich im Alter, in seiner Krankheit, wieder mit dem Glauben auseinander. Er bittet Benedikt um eine Liste von Büchern.

Da wird die deutsche Linkspartei, die Benedikts Rede im Reichstag mehrheitlich boykottiert hat, aber staunen.

Benedikts Vorgänger Johannes Paul II. hatte bei seinem

Besuch 1998 bewirken können, dass die Kubaner wieder Weihnachten feiern dürfen. Die Bitte des Papstes aus Bayern ist, den Karfreitag zum nationalen Feiertag zu machen. Realistisch finden das die wenigsten. Zwei Jahre später wird die kommunistische Parteizeitung »Granma« verkünden: Die Regierung hat ein entsprechendes Dekret erlassen.

Der Abschied von Havanna fällt melancholisch aus, schon allein deshalb, weil das geschichtsträchtige Hotel Nacional direkt am Malecon (Meerpromenade) völlig zu Recht zum Weltkulturerbe zählt. Es ist seit einem Besuch 1998 mein Lieblingshotel.

Kollegen, die sich über die Jahre teils sehr ans Herz gewachsen sind, versichern sich beim kubanischen Nationalgetränk »Mojito«, dass es ja schon im kommenden Jahr eine Fortsetzung in Rio de Janeiro geben werde. Aber kaum jemand ist wirklich überzeugt, dass alles in den gewohnten Bahnen weitergehen wird.

Die ganze Reise war ein Wechselbad der Gefühle. Sie endet mit einem musikalischen Highlight: »Reuters«-Kollege Phil Pullella interpretiert auf dem Rückflug den Beatles-Hit »Michelle« neu, enthüllt in einem schaurig-schönen Duett mit einem französischen Kollegen den wirklichen Inhalt des Papst-Castro-Gespräches:

»Fidel, my belle
Marx and Jesus don't go together well
My Fidel
Fidel, my belle
La revoluciòn is becoming hard to sell
My Fidel
Cigar smoke, clenched fists, and fatigues

There's more to life than that
I'd love a ten-hour chat
But you know I can't So, please don't rant, anymore
My Fidel
Fidel, my belle
Marx and Jesus don't go together well
My Fidel
El Che has wound up on a T-Shirt
But we own all the land
And, if you take my hand
I will show you things, like fisherman's rings
That will make you understand My Fidel
Fidel, my belle
Marx and Jesus don't go together well
My Fidel

Das Gelächter und der Applaus sind so gewaltig, dass sie bis vorne auf Sitz 1A zu hören sein müssen, wo Benedikt XVI. wahrscheinlich schon emsig an seiner Bücherliste für schwerbekehrbare Diktatoren arbeitet.

Weiß-blaues Fest
im Vatikan

Es ist eine wunderschöne Überraschung, dass ich einer von gut 150 Gästen sein darf, die mit dem Papst seinen 85. Geburtstag feiern. Aber so hat der Papst entschieden: An diesem Tag will er Gäste, Klänge, Bräuche aus seiner alten Heimat um sich haben. Nicht die ewig gleichen Kuriengesichter. Gefeiert wird der Tag weiß-blau, also auf »gut bayrisch«. Selten habe ich ihn besser verstanden als heute.

Der Heilige Vater freut sich über den Besuch der politischen Repräsentanten aus München, noch mehr aber über altbekannte Weggefährten: Die Hofbauers sind da, sein altes Hausmeister-Ehepaar aus Regensburg-Pentling. Alte Freunde wie Thaddäus Kühnel, der ihm seit 30 Jahren die Oster- und Weihnachtskerzen aus der Heimat bringt. Klosterschwestern, die er ein halbes Leben lang kennt und für die er sich einfach immer ein paar Minuten Zeit zum »Ratschen« nimmt, und natürlich die Kardinäle Wetter und Marx, die Joseph Ratzinger als Erzbischöfe von München und Freising gefolgt sind.

Es beginnt mit einer Messe in der von Michelangelos Spätwerken prachtvoll ausgeschmückten »Cappella Paolina«, der Sakramentskapelle, die aus Sicherheitsgründen nur ganz selten zugänglich ist, weil sie direkt ans Päpstliche Apartment grenzt.

Und wieder ist es an diesem Morgen Benedikt XVI., der die Frage nach dem Ende seines Pontifikats aufwirft. Viele bekommen Gänsehaut, als der Papst von der »letzten Wegstrecke meines Lebens« spricht, vom Licht des Auferstandenen, das »stärker ist als alles Dunkel«: »Das lässt mich in Gewissheit weitergehen, das lässt uns alle weitergehen.« Nur höchst selten predigt der Papst aus der Ich-Perspektive.

Im »weltlichen Teil« der Feier ist es Benedikt XVI., der seine Rührung kaum unterdrücken kann: Für ihn erklingen die alten Melodien, die ihm sein Vater (†1959) als Kind auf der Zither vorgespielt hat. Dann legen Kinder in Tracht einen zünftigen Schuhplattler auf den blitzblank gewienerten Marmor – ein absolutes Novum im altehrwürdigen Vatikan.

Der Papst sagt nicht Danke, er sagt »Vergelt's Gott«. Er zeigt sein spitzbübisches Lächeln, das man leider nur noch so selten bei ihm sieht. Und wieder ist es wie im Sommer 2011, als er eine Delegation aus Traunstein zur Verleihung des Ehrenbürgerrings in den Innenhof von Castel Gandolfo geladen hatte, als eine Blasmusikkapelle durch den Ort marschierte, als »Goaßlschnoiza« mit langen Peitschen eine Kostprobe ihres Könnens gaben, als ihn die Besucher in Dirndl, Tracht und Gamsbarthut hochleben ließen: Benedikt wirkt, als würde er am liebsten alles stehen lassen und direkt mit der Reisegruppe nach Hause fahren.

Wie er sich denn das Paradies vorstellte, wurde Benedikt XVI. gegen Ende seines Pontifikats von einem vietnamesischen Mädchen (7) gefragt. Seine Antwort: »Wie die Zeit meiner Kindheit und Jugend«. Er schwärmte dabei von einem »Ambiente von Vertrauen, Freude und Liebe«, von seinem Elternhaus am Waldrand, vom Singen in der Familie. »In diesem Sinne hoffe ich, nach Hause zu kommen, wenn ich einmal in den ›anderen Teil der Welt‹ übergehe.«

Kammerdiener Paolo Gabriele (46) zählt an diesem Tag noch immer zur »päpstlichen Familie«: Er darf beim Überraschungsständchen – dem Kanon »Die Herrlichkeit des Herrn« – mitsingen. Und er beteiligt sich am privaten Geschenk der kleinen Gruppe, die dem Papst Tag für Tag begegnen: einem »Relax-Sessel« zum Entspannen.

Fünf Wochen später fällt die Maske des Verräters.

Der
Vatileaks-Skandal

Der 23. Mai 2012 ist ein sonniger Mittwoch, dem ich mit gemischten Gefühlen entgegensehe. Denn morgens werde ich aufgrund eines lange vereinbarten Termins den päpstlichen Privatsekretär Georg Gänswein treffen. Und am Nachmittag bin ich zur Pressekonferenz des Buchautorens Gianluigi Nuzzi eingeladen, der nichts dabei fand, wahllos Dokumente zu veröffentlichen, die ihm ein anonym gehaltener Informant mit dem Decknamen »Maria« zugesteckt hat. Darunter, wie die Polizei schnell feststellen sollte, Privatpost des Papstes, die nie den Umweg über eine Vatikanbehörde genommen hatte.

Entgegen gezielt gestreuter Vorurteile ist »Don Giorgio«, wie Privatsekretär Gänswein in Rom genannt wird, zwar ein Mensch, der offen auf Medienvertreter zugeht. Der aber, sobald es um vertrauliche Dinge geht, äußerst wortkarg werden kann.

So erfahre ich an diesem Tag nichts von dem, was in ihm brodelt. Nichts davon, dass er bereits vom Hochverrat in den eigenen Reihen weiß. Dass er den päpstlichen Kammerdiener Paolo, genannt »Paoletto«, schon zur Rede gestellt und ihn damit konfrontiert hat, dass nur *er* der Aktendieb und Verräter sein kann, der die vertraulichen Unterlagen von seinem Schreibtisch gestohlen hat.

Gänswein macht sich nach unserer Verabschiedung auf den Weg zur Generalaudienz. Paolo Gabriele wird fast zeitgleich festgenommen, Ermittler beginnen mit der Durchsuchung seiner beiden Wohnungen. Und werden fündig: Neben mehr als 1000 Papstakten aus den Jahren von 2006 bis 2012 – Kopien, aber auch Originale, verteilt über 82 Kartons – finden sie auch einen 100.000-Euro-Scheck, ein wertvolles Buch und ein Goldstück aus den Audienzgeschenken des Papstes. Diese hat Ex-Putzmann Gabriele seinem Dienstherrn, dem er sein gesamtes Ansehen und seine Karriere verdankt, aufs Schäbigste gestohlen.

Ob Autor Nuzzi in dem Moment, in dem er seine Pressekonferenz vor dem Verband der Auslandspresse (»stampa estera«) gibt, schon weiß, dass seine Quelle mit den angeblich so hehren Motiven (»ich wurde gelenkt vom Heiligen Geist«) aufgeflogen ist?

Die Frage ist auch im Nachhinein nicht zu beantworten. Nuzzi gibt jedenfalls den Enthüllungsjournalisten, platzt fast vor Anstrengung, seinen Stolz hinter einer Maske der Bescheidenheit zu verbergen. Sinngemäß sagt er vor Journalistenkollegen aus aller Welt: Wer von euch hätte nicht zugegriffen, wenn er solche Akten angeboten bekommen hätte, wer hätte sie nicht schnellstmöglich veröffentlicht? Ein paar Kollegen gehen ihm auf den Leim, beglückwünschen ihn zum journalistischen Scoop. Und übersehen dabei die kriminelle Energie, derer es bedarf, einen 85-jährigen Papst systematisch bestehlen zu lassen.

Dabei sind die meisten »Enthüllungen« eher läppischer Natur, belasten, wenn überhaupt, den ohnehin schon schwer angezählten Kardinalstaatssekretär Tarcisio Bertone, dessen Karriere im Vatikan kein Außenstehender begreifen kann. Nicht die Akten selbst sind es, die Benedikt XVI. zutiefst erschüttern und verletzen, sondern der Vertrauensbruch Gabrieles, der oft genug seine erste und seine letzte Kontaktperson des Tages war. Der ihm gar beim Aus- und Einkleiden helfen durfte.

Vier Tage später, zu Pfingsten, spricht Papst Benedikt XVI. vom »Sturm«, der durch das Haus der Kirche fegt, denn längst ist ihm klar, dass ein Netz von Mitwissern und Verrätern hinter Gabriele steht. In den folgenden Tagen entsteht im Vatikan eine Atmosphäre des Misstrauens. Den Medien werden immer wieder vertrauliche Informationen zugespielt, deren Überprüfung allerdings – wenn überhaupt – nur einer aufklärungswilligen Justiz gelingen kann.

Als ich von der Redaktion gebeten werde, über die Hintergründe des Spionagefalls zu schreiben, empfinde ich dies als Balanceakt. Aber was wahr ist, muss auch geschrieben werden: Die Stimmung im Vatikan ist unterirdisch, ein schmutziger Machtkampf hat begonnen. Auszüge der Analyse:

Die Gesichtszüge der Touristen – 18 Millionen im Jahr – wirken derzeit deutlich entspannter als die der Eminenzen und Exzellenzen, die vereinzelt an ihnen vorbeihuschen. Jene Kardinäle und Bischöfe, die sich im kleinsten Staat der Welt jeden Tag über den Weg laufen – sich aber im Zuge des Spionageskandals nicht mehr recht über den Weg trauen.

Selbst der Papierverbrauch, so hört man, ist im Kirchenstaat gesunken, seit jeder fürchten muss, Akten könnten in falsche Hände geraten, Telefonate abgehört werden. »Wirklich wichtige Sachen gehen nur noch von Mund zu Ohr«, heißt es im Vatikan.

Offiziell wird in der »schweren Prüfung« der »Vatileaks«-

Affäre die »Einheit der Kirche« beschworen. Doch dass in der Kurie ein Machtkampf ausgebrochen ist, in dem alte Rechnungen beglichen werden, lässt sich inzwischen nicht mehr verbergen. Gottes Bodenpersonal ist in Aufruhr, der Streit unter »ziemlich besten Freunden« gerät aus den Fugen.

Die Hintergründe sind komplex und eines bleibt dabei festzuhalten: Es gibt Idealisten im Vatikan, die treu dem Papst dienen, ohne Eitelkeiten Gottes Wort verkünden und unbeirrbar daran arbeiten, die Welt ein bisschen besser zu machen. Sie bekommen wenig oder gar kein Geld dafür. Und sind zu Recht verbittert, dass über sie niemand schreibt und spricht. Es geht um die Zeit nach Benedikt XVI.

Das Vatikanbild bestimmen neuerdings die Streithähne und »Maulwürfe«: Im Kirchenstaat, in dem es kein Parlament und keine offenen Debatten, aber höchst unterschiedliche Strömungen gibt, werden die Weichen für die Zeit nach Papst Benedikt XVI. gestellt. Jedes Grüppchen kocht sein eigenes Machtsüppchen. Und spuckt den Glaubensbrüdern nach Kräften in die Teller.

Vorne mit dabei ist die Italiener-Fraktion, die seit 1978 darauf wartet, endlich wieder einmal das Kirchenoberhaupt zu stellen. Rein zahlenmäßig wäre die Wahl kein Problem, kein Land stellt mehr Kardinäle. Doch die drei führenden Purpurträger – so genannt wegen der roten Machtinsignien – sind sich untereinander nicht grün:

- Benedikts »Nummer zwei«, der oft undiplomatische Kardinalstaatssekretär Tarcisio Bertone (77)
- der Chef der italienischen Bischofskonferenz, Angelo Bagnasco (69)
- der Mailänder Erzbischof Kardinal Angelo Scola (71), der immer wieder als »papabile«, als möglicher Papst-Nachfolger gehandelt wird.

Wer gerade mit wem paktiert, ist nicht immer zu verstehen.

Sicher ist: Hoffnungsträger, die alte Zöpfe abschneiden wollen, werden mit taktischen Fouls ausgebremst. Kurienerzbischof Carlo Maria Viganò etwa, der millionenschwere Korruption aufgedeckt hat. Er wurde von Bertone zum »Dank« nach Washington weggelobt.

Die Inhalte der Akten, die Kammerdiener Paolo Gabriele (46) an den zwielichtigen Buchautor Gianluigi Nuzzi und weitere Adressaten weiterreichte, taugen einzeln nicht zum Skandal. In der Summe zeigen sie jedoch, wie ruppig und auch schmutzig in der zweiten und dritten Kirchenreihe um die wenigen »Plätze an der Sonne« gerangelt wird, sprich: um die unmittelbare Nähe zum Papst.

Die Gunst von »Anführer« Benedikt XVI. bestimmt über Karrieren und Status. Da unterscheidet sich der Kirchenstaat kaum von anderen Monarchien (der Papst regiert mit absoluter Macht), Wirtschaftsunternehmen (die Vatikan-Bank IOR ist milliardenschwer) – und so mancher Kindergartengruppe …

Ein Beispiel aus der Welt der »frommen« Medien: Mit dem in einer weltlichen Zeitung anonym erhobenen Vorwurf, er führe ein homosexuelles Doppelleben, wurde der Chefredakteur der Zeitung der italienischen Bischofskonferenz 2009 aus dem Amt gemobbt. Der Familienvater will später herausgefunden haben, wer die Quelle für seine gesellschaftliche Hinrichtung war: der Chefredakteur der Päpstlichen Zeitung »Osservatore Romano«. Also schreibt er dem Papst seitenlange Briefe. Die dann, dank des Verrats des Kammerdieners, die Öffentlichkeit erreichen.

Die Frage, wem solche Veröffentlichungen eigentlich nützen, gehört zu den spannendsten und bislang unbeantworteten.

Wer Benedikt XVI. etwas kennt, weiß, dass ihm perfide Machtspiele und Strippenzieherei sein Leben lang fremd geblieben sind. Vielleicht will er, der ohne Seilschaften und Ellbogen seinen Weg gegangen ist, manches auch nicht so genau wissen. Jedenfalls hat er einen Teil der Regierungsgeschäfte an Vertrauensleute delegiert. Das muss er sich nun vorhalten lassen.

NEID IM KIRCHENSTAAT

Seit Sonntag steht auch sein engster Vertrauter, Privatsekretär und Prälat Georg Gänswein (55) im Visier der Maulwürfe.

Das Motiv dafür kann sich jeder zusammenreimen, der die beiden je auf einer Auslandsreise begleitet hat: Wie sie im Flugzeug beieinandersitzen, die roten Teppiche gemeinsam abschreiten, im »Papamobil« durch die Straßen fahren. Hinzu kommt, dass die beiden täglich zusammen spazieren gehen, um den Rosenkranz zu beten.

Es ist der Neid der »zweiten Garde«, den man gelegentlich glaubt, fast körperlich spüren zu können.

All das, was seit Januar im »Vatileaks«-Skandal passiert ist, würde inzwischen reichen, Drehbücher zu füllen. Die Tatsache, dass sich der Kammerdiener-Spion »Maria« nannte und offensichtlich laufend während der Rosenkranz-Gebete zuschlug, gibt dem Spionage-Thriller gar eine diabolische Note.

Doch für einen guten Film müssten am Ende alle Guten von den Bösen unterscheidbar sein. Langjährige Vatikankenner halten es für ausgeschlossen, dass das gelingt.

Sicher ist nur: Die Ereignisse haben Benedikt XVI. erschüttert. Er hat – höchst ungewöhnlich für ihn – vor Tausenden Pilgern öffentlich über sein »von Traurigkeit erfülltes Herz« gesprochen.

Fast schon prophetisch klingen im Nachhinein die Worte, die der Papst im Frühjahr 2010 auf dem Höhepunkt des Missbrauchsskandals gefunden hat: »Der größte Angriff auf die Kirche kommt heute aus dem Innern der Kirche selbst.«

Paolo Gabriele kommt zur zweimonatigen U-Haft in den kuscheligsten Knast der Welt: Er darf nahezu unbegrenzt seine Familie sehen, bekommt dasselbe Essen wie seine Wärter, nur dass er es nicht mehr serviert, sondern serviert bekommt. Sie bringen ihm Caffè und Wein, abends sogar ein Gläschen Grappa. Das wird ihn nicht davon abhalten, später über seine Anwältin vor Gericht die »unmenschlichen Haftbedingungen« anzuprangern.

Papst Benedikt XVI. rettet sich irgendwie in die Sommerpause in Castelgandolfo, die ihm eine Verschnaufpause verschafft. Viele Beobachter spekulieren, dass er über einen Komplettaustausch des Top-Personals nachdenkt, doch in Wirklichkeit grübelt er bereits über seinen eigenen Rückzug.

Die Vatikan-Justiz verstärkt ihre Ermittlungen – und erfährt deutlich mehr, als später an die Öffentlichkeit dringen darf. Parallel versuchen drei Kardinäle im Ruhestand, Vertrauensmänner des Papstes, durch eigene Befragungen Licht in das Verschwörungsdunkel zu bringen. Mit offenbar großem Erfolg und kleinem Schönheitsfehler: Die Ergebnisse (ihr Zwischenbericht an Benedikt erfolgt noch in Castelgandolfo) bleiben für die Öffentlichkeit gesperrt, nur der Papst und sein(e) Nachfolger sollen Einblick in die Geheim-Akten nehmen dürfen.

Im Herbst geschieht das Mindeste, was die katholische Welt vom Vatikan erwarten kann: Gegen »Maulwurf« Gabriele wird ein öffentlicher Prozess eröffnet. Im schlimmsten Fall drohen ihm vier Jahre Haft in einem italienischen Gefängnis.

Im kleinen Gerichtssaal des Justizgebäudes an der »Piazza Santa Marta« auf Vatikan-Staatsgebiet, in unmittelbarer Nähe des Petersdoms, erscheint Gabriele so korrekt gekleidet, als käme er zum Dienst. Der Zugang der Presse ist auf acht Plätze beschränkt, sodass ein Losverfahren im Presseamt des Heiligen Stuhls nötig wird. Ton-, Video- und Fotoaufnahmen bleiben ganz verboten. Auch der BILD-Reporter wird für einen Prozesstag ausgelost, wie sich später zeigen wird, für den Tag, an dem das Urteil fällt.

Die Anklage macht die Sache noch mal spannend: Sie schließt ausdrücklich nicht aus, dass im Prozessverlauf weitere Mittäter belastet und dann juristisch zur Rechenschaft gezogen werden könnten. In einem anonymen TV-Interview vor seiner Festnahme hatte Gabriele damit geprahlt, Teil einer 20-köpfigen Gruppe zu sein, die mit angeblichen Missständen in der Kurie aufräumen wolle.

Glaubt man den Gerüchten im Vatikan, sollen hochrangige Geistliche darunter sein. Außerdem sickert durch, dass mindestens zwei Deutsche an einer Art Papst-»Geheimpost«-System beteiligt waren, das alle offiziellen Kanäle sowie Privatsekretär Gänswein hintergeht. Deren Rolle im Komplott bleibt nach außen weitgehend im Dunkeln, wenngleich es Hinweise auf herbe Enttäuschungen aufseiten von Benedikt XVI. gibt.

Skandalbuch-Autor Nuzzi, der sich mit seinem Honorar die Taschen vollgestopft hat? Hat Glück: Da er italienischer Staatsbürger ist und ihm keine Straftat auf dem Staatsgebiet des Vatikan vorgeworfen werden kann (er war clever genug, die Treffen mit »Quelle Maria« außerhalb der Vatikanmauern zu arrangieren), entfällt die Zuständigkeit der Vatikanischen Justiz.

Gabriele belässt es bei einem höchst merkwürdigen Teilgeständnis: Geld habe er für seine Spionagedienste nie erhalten, behauptet er gegen alle Logik. Und trotz der vielen Menschen, mit denen er Kontakte pflegte, habe er ohne Komplizen gehandelt. Anderslautende Angaben habe er kurz nach seiner Verhaftung »unter Schock« gemacht. »Schuldig« fühle er sich nur im Hinblick auf seinen obersten Dienstherren: »Schuldig, dass ich das Vertrauen des Heiligen Vaters verraten habe, das er in mich gesetzt hat, er, bei dem ich Gefühle wie für einen Vater spüre.«

Immer mysteriöser wird nach der Aussage Gabrieles die Rolle eines Geistlichen, dem er ebenfalls Kopien der Dokumente anvertraute, die dieser angeblich verbrannt haben will. In den Ermittlungsakten ist sein Name geschwärzt, vor Gericht nannte ihn der Kammerdiener nur beim Vornamen »Pater Giovanni«.

Dann der Moment des Urteils, den ich »live« miterleben darf: Als der Richter das Wort »colpevole« (»schuldig«) ausspricht, flackern die Augenlider von Paolo Gabriele zweimal, doch seine gefalteten Hände bleiben ruhig. Es war seine Pflicht als Kammerdiener, stets Haltung zu wahren. Kann auch sein, dass er längst ahnt, dass bald Gnade vor Recht ergehen wird.

Das denkbar milde Urteil lautet: 18 Monate Gefängnis wegen Diebstahls. Paolo Gabriele meidet den Blick auf das große Wandbild des Papstes. Die Richter hielten dem 46-Jährigen seine früheren Verdienste um den Kirchenstaat zugute, halbierten die ursprünglich auf drei Jahre festgelegte Strafe.

Schaler Beigeschmack: Im Vatikan findet sich auch bei längerer Suche kaum jemand, der glaubt, dass im Prozess mehr als ein winziger Ausschnitt der Wahrheit ans Licht gekommen ist. Es gibt sogar einzelne Justizvertreter, die in Hintergrundgesprächen offen von »Farce« sprechen.

Intern zum zweiten Mal unter großen Druck gerät Vatikan-Sprecher Pater Federico Lombardi, als er dem Papst vorgreift, noch am Tag des Urteils die Möglichkeit einer frühzeitigen Begnadigung »sehr konkret und sehr wahrscheinlich« nennt. Doch die Zeit wird ihm schließlich recht geben: Noch vor Weihnachten darf Gabriele zurück zu Frau und Kindern, der Vatikan besorgt ihm sogar eine neue Arbeit in einem kirchlichen Krankenhaus. Dort soll er – kleiner Treppenwitz der Kirchengeschichte – hauptsächlich Kopien anfertigen.

Mitte Dezember 2012 habe ich die Ehre, dem Papst im Apostolischen Palast Frohe Weihnachtstage wünschen zu dürfen. Ich erlebe Benedikt müde und bedrückt wie nie zuvor. Er ist nach meinem Eindruck untergewichtig, das Gesicht gezeichnet von Altersflecken, die zuvor kaum an ihm aufgefallen waren. Es kommt diesmal auch kein richtiger Dialog zustande.

Zum zweiten Mal (nach dem Anblick mit dem Gehstock) versetzt mir sein Zustand einen Stich. Wie lange werden seine Kräfte reichen, die Last des Amtes zu tragen, das er einmal mit einem »Fallbeil« verglichen hat?

Mit den Kräften, das ist im Umfeld des Papstes längst kein Geheimnis mehr, ist vor allem auch die Sehkraft gemeint.

Ein Blitz
aus heiterem Himmel

»Der Herr schenke euch immer den Mut und die Demut des Glaubens«, sagt Benedikt XVI. zu seinen neuen Bischöfen.

Noch einmal erlebt der Petersdom einen Freudentag unter dem Papst aus Bayern: Am Dreikönigstag 2013 weiht er neben anderen Geistlichen seinen treuen Privatsekretär Georg Gänswein zum Erzbischof. Zuvor hatte er ihn zum Präfekten des Päpstlichen Hauses befördert, zum Protokollchef für sämtliche Audienzen.

Fast drei Stunden dauert die Festmesse, für die Benedikt XVI. sichtbar alle Kräfte zusammennehmen muss. Ganz anders Gänswein: Anderthalb Stunden lang wird der neu geweihte Erzbischof hinterher noch Hände schütteln, Angehörige, Freunde, Weggefährten umarmen – unbeschwert an seinem großen Tag, wie es scheint. Es stimmt schon, was viele im Vatikan sagen: Gänswein hat sich durch sein häufiges »No« anstelle des Papstes (dem das Nein-Sagen schwerfiel) jede Menge Feinde gemacht. Aber er hat, das zeigt dieser Tag, auch mehr Freunde als der Großteil seiner verbissenen Kritiker zusammen.

Trotz Dutzender Kameras ist es ein fast intimer Moment:

Ungewöhnlich lange legt der Heilige Vater seine Hände auf den Kopf seines Sekretärs.

Für den Sohn eines Schmieds, der 2003 in die Dienste des damaligen Kardinals Joseph Ratzinger trat, ändert sich weitaus mehr als seine offizielle Anrede, die nun »Exzellenz« und »Herr Erzbischof« lautet: Der Sekretär des Papstes, der sein Amt am liebsten »unsichtbar wie eine Glasscheibe« ausübt, findet sich plötzlich in einer der höchsten Vertrauenspositionen des Vatikans wieder.

Er weiß bereits, dass er dieses Amt nur noch ein paar Tage unter Benedikt XVI. ausüben wird. Dazu schweigt er eisern. Leicht tut er sich aber nicht damit, die Entscheidung des Rückzugs zu akzeptieren.

Fünf Wochen und einen Tag später geschieht das, was trotz der vielfältigen Omen kaum jemand im Vatikan für möglich gehalten hatte: Papst Benedikt XVI. verkündet vor seinen Kardinälen seinen Rücktritt. Leise verlesen, wieder einmal mit kleinstmöglicher Effekthascherei, auf Latein. Im Presseamt begreift die Brisanz der Worte am schnellsten die Kollegin der italienischen Nachrichtenagentur ANSA, die den internen Livestream verfolgt und den historischen Rücktritt als Erste vermeldet – weltexklusiv.

EILMELDUNG: PAPST BENEDIKT IST ZURÜCKGETRETEN

Mich erreicht die Nachricht telefonisch, während ich über einem Beitrag über die anstehenden Neuwahlen in Italien grüble. »Kann das wirklich stimmen?«, fragt eine besonders geschätzte Kollegin der Online-Redaktion. »Ja, kein Zweifel, denn es passt nur zu gut zu Benedikt XVI.«, ist meine spontane Reaktion. Er selbst hat den Schritt gewissermaßen angekündigt, als er im Interview-Buch »Licht der Welt« 2010 seine »nachlassenden Kräfte« beklagte – und sagte: »Wenn ein Papst zur klaren Erkenntnis kommt, dass er physisch und geistig den Auftrag seines Amts nicht mehr bewältigen kann, dann hat er ein Recht und unter Umständen auch eine Pflicht zurückzutreten.«

12.40 Uhr: Aufgewühlt strömen die Vatikan-Korrespondenten in den Pressesaal des Vatikans, um aus dem Mund von Papst-Sprecher Lombardi die Hintergründe der Entscheidung zu erfahren.

Dabei ist Benedikts Entschlossenheit, seinen Hirtenstab in jüngere Hände zu übergeben, einfach nur menschlich: Er hat bis zum Abschied am Sterbebett miterlebt, wie die Parkinson-Krankheit seinem Vorgänger Johannes Paul II. zusetzte, wie sie zuletzt auch die Entschlussfähigkeit und Entwicklung der Kirche lähmte.

Als er mit seinem Privatsekretär Georg Gänswein 2005 das Apartment im Apostolischen Palast bezog, musste erst einmal das Inventar einer Intensivstation beiseitegeräumt werden. Noch ein Papst als ewiger Patient – dadurch würde zwangsläufig ein Vakuum an der Kirchenspitze entstehen, das Benedikt sich und den 1,2 Milliarden Katholiken ersparen will.

Mit einem Schlag erlangen die Worte des Papstes von seinem 85. Geburtstag wieder Gegenwartsbezug.

Damals hatte Benedikt XVI. über die Endlichkeit des Lebens philosophiert: »Ich stehe vor der letzten Wegstrecke meines Lebens und weiß nicht, was mir verhängt sein wird, aber ich weiß, dass das Licht Gottes da ist, dass er auferstanden ist und dass sein Licht stärker ist als alles Dunkel, dass Gottes Güte stärker ist als alles Böse dieser Welt.«

Dann kam »Vatileaks« und der Stimmungsabfall bis in die Grauzone zur Depression.

Gegen schwächer werdende Augen, Ohren, Beine kann

man medizinisch ankämpfen. Doch kein Arzt der Welt kann einem Papst etwas gegen schwindende Lebensfreude verschreiben.

Der Schritt mag historisch sein, auch revolutionär, für manche schockierend. Er ist aber vor allem ein Befreiungsschlag, den Benedikt XVI. nach langer innerer Prüfung getroffen hat. In der geheimnisvollen, von jedem Katholiken zu respektierenden »Gewissheit«, dass die Entscheidung dem Willen Gottes entspricht.

Ein sehr enger Weggefährte des Papstes hat einmal miterlebt, wie dieser in gemütlicher Runde auf einer Terrasse in Castelgandolfo alle Anwesenden zum Singen überredet hat.

Das hat etwas Tröstliches an diesem Tag: Ich stelle mir vor, wie Benedikt XVI. vielleicht eines Abends auf einer Bank vor seinem Altersruhesitz sitzt und in netter Gesellschaft in die Abendsonne blinzelt. Und noch einmal die Frage stellt wie an diesem Abend: »Also, was ist jetzt mit Singen?« Angestimmt hat er damals kein Kirchenlied, sondern das Volkslied »Kein schöner Land«.

Am Abend zieht ein mächtiges Gewitter über Rom. Doch diesmal, anderthalb Jahre nach dem Unwetter beim Weltjugendtag von Madrid, hat der Papst die Bühne wirklich verlassen.

Ein Blitz schlägt in das Kreuz auf der Kuppel des Petersdoms, die genau über dem Grab des Apostels errichtet wurde.

Petrus ist nach altem Volksglauben für das Wetter verantwortlich. Wer in den vergangenen Monaten Einblick in das Treiben hinter den Kirchenmauern hatte, kann die Symbolik beim besten Willen nicht übersehen.

»Grazie e buonanotte«: Der Abschied

»Ich bin dann mal weg«, heißt das erfolgreiche Pilgerbuch des Entertainers Hape Kerkeling: Der folgt, ohne etwas auf die Reaktionen seines Umfeldes zu geben, einer inneren Stimme auf den Pilgerweg nach Santiago de Compostela.

So ähnlich ist die Lage im Vatikan kurz vor dem unvorstellbaren Tag X, an dem Papst Benedikt seine »neue Etappe auf meinem Pilgerweg« beginnen wird: dem 28. Februar 2013.

Benedikt weiß, dass sein Schritt kirchenrechtlich und kirchenhistorisch nur Bestand hat, wenn eindeutig geklärt ist, dass er die Entscheidung nicht unter Druck, sondern aus freien Stücken getroffen hat, aufgrund seiner Entkräftung, seines Alters. Nicht zuletzt deshalb spricht er ganz offen vor den Gläubigen über seine Schwäche.

Bei seinem letzten öffentlichen Angelus-Gebet, wie jeden Sonntag aus dem Fenster seines Arbeitszimmers im Apostolischen Palast, erläutert er ihnen seine Pläne für den Lebensabend: »Der Herr hat mich gerufen, »auf den Berg zu steigen«, mich noch tiefer dem Gebet und der Meditation zu widmen. Doch das bedeutet nicht, dass ich die Kirche alleinlasse; im Gegenteil, wenn Gott diesen Schritt von mir verlangt, dann gerade zu dem Zweck, damit ich ihr weiterhin mit derselben Hingabe und Liebe dienen kann, wie ich es bisher zu tun versucht habe, nur auf eine Weise, die meinem Alter und meinen Kräften angemessener ist.«

Warum ihm um die Zukunft der Kirche dabei nicht bang ist, hatte er kurz zuvor römischen Seminaristen anvertraut: »Die Zukunft gehört uns, es ist die Zukunft Gottes. Der Baum der Kirche stirbt nicht ab, er wächst immer wieder neu.«

Ein Blick auf die nüchterne »Bilanz« als Papst gibt ihm recht: Die Zahl der Katholiken weltweit ist während des Pontifikats von Benedikt XVI. von 1,115 Milliarden (2005) auf 1,229 Milliarden (2012) gestiegen.

Zur letzten Generalaudienz strömen sagenhafte 200.000 Menschen. »Bee-nee-detto«-Sprechchöre hallen noch einmal über den Petersplatz, mit Handykameras versuchen viele, ein Stück Kirchengeschichte einzufangen. Doch Benedikt XVI. belässt es bei einem ganz schlichten Vermächtnis: »Ich lade euch ein, in diesem Jahr des Glaubens euer Vertrauen in den Herrn zu erneuern; sein Arm hält uns, auch und gerade in der Mühsal. Mein Wunsch ist, dass alle die Freude spüren, wie schön es ist, Christ zu sein und zur Kirche zu gehören.«

Mir fällt der Satz wieder ein, mit dem er im britischen Altenheim seine vom Leben ermatteten Altersgenossen so tief berührt hat. Ein Satz, bei dem es mucksmäuschenstill wurde, weil jeder die persönliche Bezugsebene spürte: »Jeder ist geliebt, jeder ist gewollt, jeder ist gebraucht …« Damals sprach Benedikt über die »geistliche Frucht«, die über den Kräfteschwund am Lebensabend hinwegtröste: »Diese Jahre sind eine Möglichkeit, im innigen Gebet all derer zu gedenken, die wir in diesem Leben geliebt haben, und all das, was wir persönlich gewesen sind und getan haben, der Barmherzigkeit und Güte Gottes anzuempfehlen.«

Im offenen Papamobil verlässt Benedikt den Petersplatz. Kinder werden ihm noch einmal gereicht. Er segnet und küsst sie.

Sein Privatsekretär bewahrt an diesem Tag noch die Fassung. 24 Stunden später, auf dem Weg zum Hubschrauber nach Castelgandolfo, bricht die Anspannung der letzten Wochen und Monate aus ihm heraus, Erzbischof Gänswein weint vor laufenden Kameras.

Als bekannt wird, dass Benedikt XVI. ein letztes Mal vom Balkon seiner Sommerresidenz das Wort an die Gläubigen richten wird, ist die Entscheidung schnell gefallen: Zusammen mit meiner Kollegin Silvia Kritzenberger, die den Kardinal / Papst noch viele Jahre länger kennt als ich, fahre ich die 30 Kilometer hinaus an den Ort, an dem ich Benedikt am häufigsten begegnen durfte.

Um 17.15 Uhr, schon auf dem Hauptplatz des kleinen Städtchens, lese ich seine letzte Twitter-Nachricht, die Millionen erreicht: »Danke für eure Liebe und Unterstützung. Ich wünsche, dass ihr immer Freude dabei erfahrt, Christus in die Mitte eures Lebens zu stellen.«

Der Hubschrauber landet. Die Ansprache fällt denkbar kurz aus und lässt die Anstrengung erahnen, die der Papst damit gut zwei Stunden vor Ende seines Pontifikats noch einmal auf sich nimmt:

»Liebe Freunde, ich freue mich, dass ich bei euch bin, umgeben von der Schönheit der Schöpfung und eurer Sympathie, die mir so viel Gutes getan hat. Danke für eure Freundschaft, eure Zuneigung.

Ihr wisst, mein heutiger Aufenthalt hier unterscheidet sich von den bisherigen, ich bin nicht mehr Papst der Katholischen Kirche, ab acht Uhr heute Abend bin ich es nicht mehr. Ich bin nur noch ein einfacher Pilger, der die letzte Etappe seiner Pilgerreise auf dieser Erde beginnt. Aber ich möchte noch einmal mit meinem Herzen, mit meiner Liebe, meinem Gebet, meiner Meditation und allen meinen inneren Kräften für das Wohl aller und der Kirche, ja für die Menschheit arbeiten. Und dabei fühle ich mich getragen von eurer Sympathie. Gehen wir gemeinsam weiter, mit dem Herrn, für das Wohl der Kirche und der Welt. Danke.

Von Herzen spende ich euch nun meinen Segen.

Gepriesen sei der allmächtige Gott.

Ci benedica Dio onnipotente: Padre e Figlio e Spirito Santo.

Grazie, buonanotte! Grazie a voi tutti!«

Wir warten ein wenig, bis der Abschiedsapplaus verhallt ist und sich die vielleicht 5.000 Menschen, die seinen letzten Segen empfangen haben, verlaufen haben. Dann füllen wir zwei mitgebrachte Gläschen mit Limoncello, um auf den Heiligen Vater anzustoßen. Es ist hausgemachter Likör aus den Zitronen, die auf dem Dachgarten des Apostolischen Palastes wachsen, mit handgefertigtem Papst-Etikett. Ein Geschenk, das man nirgendwo kaufen kann, das eine ganze Zeit auf den richtigen Anlass gewartet hat.

Im Italienischen sagt man nicht »Prost«, wenn man anstößt, sondern »salute« – »Gesundheit«. Wir trinken auf die Gesundheit und das Wohl Benedikts. Auf den Feier- und Lebensabend eines »einfachen Arbeiters im Weinberg des Herrn«.

Seine weiße »Arbeitskleidung«, so hören wir, will er behalten. Aber nicht die roten Schuhe.

Kamincheck
in der Sixtinischen Kapelle

Mit »Sedisvakanz« wird die Zeit des »vakanten«, also unbesetzten Papst-»Stuhls« bezeichnet. Obwohl das Kirchenrecht bis zum Freuden-Glockenläuten und »Habemus Papam« quasi jeden Handgriff vorschreibt, entwickelt sich noch genug Eigendynamik. Vielen Geistlichen ist die Nervosität, die gefühlte Vaterlosigkeit, anzumerken.

Wir Reporter haben es in dieser Zeit auch nicht leicht: Neben der Pflicht, jederzeit jedes Detail des anstehenden Konklave und seiner Favoriten parat zu haben, braucht Kollege X noch eine günstige Rom-Unterkunft, will Kollege Y die seltenen Münzen und Briefmarken, die der Vatikan zur Sedisvakanz ausgibt, und träumt Kollege Z vom ersten exklusiven Foto des emeritierten Papstes aus dem Ruhestand.

Und Töchterchen L ist das Weltereignis mit Tausenden Medienvertretern, Tag und Nacht klingelnder Handys und täglichen Presse-»Briefings« völlig egal: Töchterchen L will ihren Papa zurück, der gerade seinen vor Langem eingereichten Urlaub streichen musste.

Ich flüchte zu Pasquale, meinem Lieblings-Pizzabäcker in der Via del Mascherino, Luftlinie zum Vatikan vielleicht 100 Meter. Eigentlich ist es nur ein kleiner Imbiss mit ein paar Stühlen. Aber erstens geht es schnell, zweitens ist das Motto »gut und günstig«, drittens ist der Vater von fünf Kindern ein Original aus Napoli, dessen Lebensweisheit mich immer wieder verblüfft und bereichert. Ehrlich gesagt könnte man über ihn allein ein Buch füllen.

Der fleißige Pasquale hat nur leider selten Zeit zum Reden mit seinen Stammgästen, da er ca. zehnsprachig Touristen in seinen Laden zu locken versucht, indem er ihnen Probe-Pizzastückchen unter die Nase hält. Mich plagt das schlechte Gewissen: Die Frage, warum er bei Amerikanern und Engländern so gar keinen Erfolg hat, hätte ich ihm längst beantworten können, aber irgendwie schien mir nie der richtige Zeitpunkt: Mit seinem Napoli-Englischen Werbespruch »Dry Pizza« (»Trockene Pizza«) statt »Try pizza« (»Probiert Pizza«) tut sich Pasquale bei allem Charme schwer, Kundschaft anzulocken.

Bald, so vermute ich, wird er noch viel mehr US-Kundschaft bezirzen können. Jeder Vatikan-Korrespondent hat in diesen Tagen der Sedisvakanz einen heimlichen Favoriten für die Benedikt-Nachfolge. Auch wenn kaum einer so dumm ist, sich öffentlich auf einen der 115 stimmberechtigten Kardinäle festzulegen. Denn wer es wirklich wüsste, der würde sein Geld ins Wettbüro tragen – und den Rest seines Lebens auf einem Segelboot in der Karibik verbringen.

Mein Favorit kommt aus den USA. Es ist praktisch von Anfang an der Erzbischof von Boston, »Sandalenträger« Kardinal Sean Patrick O'Malley (geb. 1944). Der weißbärtige Mönch hat sich weit über Bistums- und Landesgrenzen hinaus einen Namen gemacht, weil er konsequent an der Seite der Armen, Obdachlosen, auch der Aids-Kranken stand.

In der Aufarbeitung der US-Missbrauchsfälle stellte der

Kapuzinermönch als einer der Ersten glaubwürdig Opfer-
vor Kircheninteressen. Als ihm klar wurde, dass das Geld zu
ihrer Entschädigung nicht ausreichte, verkaufte er kurzer-
hand seinen Bischofspalast, zog zurück in eine schlichte
Mönchszelle. Von dort bloggte er bereits 2006, als das
Wort »Blog« im Vatikan noch kaum einer kannte.

Obwohl anfangs krasser Außenseiter, scheint vieles auf
den »ersten Papst mit Bart seit 313 Jahren« zuzulaufen, wie
ein besonders fixer Kollege ausgerechnet hatte. Zur Begründung schreibe ich am 10. März, drei Tage vor der Wahl
von Franziskus:

»Und dann ist da noch die Sehnsucht nach dem Einfachen, Wesentlichen, das nach Meinung vieler Katholiken
wieder die Liturgie, die Gottesdienstordnung, prägen sollte:
Weg mit dem Pomp, den die Welt unter Johannes Paul II.
und Benedikt XVI. oft als Selbstbeweihräucherung miss-
verstanden hat: Nicht aus Eitelkeit trug der Papst aus Bayern kunstvoll angefertigte Mitren, mit Goldfäden durch-
webte Gewänder oder die traditionellen roten Papst-Schuhe.
Sondern zur Ehre Gottes.

Doch das ist heute gegen den Zeitgeist: Wo es – wie in
Boston – schlichter zuging, wuchs schnell wieder die Zahl
der Messbesucher und die der Priesterberufungen.

Vielleicht, weil die Gottesdiener wieder mehr an den
Mann erinnern, von dem sie den Menschen erzählen sollen
und wollen: dem einfachen Zimmermannssohn Jesus von
Nazareth.«

Doch das ist nicht alles, was für eine »revolutionäre« Lösung spricht: Die Kardinäle, die seit Anfang März aus aller
Welt zusammengeströmt sind, werfen der Römischen Kurie
in der »Vatileaks«-Affäre und im Streit um die Pius-Brüder
Versagen vor. Auch die Strippenzieherei, wie sie die Italie-

ner-Fraktion teils mithilfe der Zeitungsredaktionen Mailands, Turins und Roms versucht (die konsequent den Mailänder Scola zum Favoriten hochschreiben …), kommt bei vielen ganz schlecht an.

So haben die Europäer als Hoffnungsträger bald nur noch den Wiener Kardinal Christoph Schönborn und den Ungarn Peter Erdö im Rennen. Weil inhaltlich so wenig aus dem Vorkonklave dringt, wird umso mehr auf äußere Anzeichen geachtet. Darin punktet etwa der Erzbischof von Lyon, Philippe Barbarin, weil er mit dem Fahrrad zu den Versammlungen erscheint, während andere mit gepanzerten Limousinen vorfahren.

Ob Sandalen-Mönch oder Fahrrad-Kardinal: Allein die Symbolik, die in solchen Armuts- und Bescheidenheitsgesten steckt, weist in Richtung Um- und Stilbruch. Vieles spricht für einen Neuanfang der Bescheidenheit, bei dem Leute wie Kardinalstaatssekretär Bertone, der sich inmitten der Kirchen- und Wirtschaftskrise von Ferrari zur Privatführung einladen ließ, schnell aus der Zeit fallen werden.

Einige Tage lang sieht es sogar so aus, als könnten sich die 115 wahlberechtigten Kardinäle auf eine Sensationslösung einigen: Der erste Papst aus Afrika scheint in Person des sympathischen Ghanaers Peter Turkson vorstellbar. Doch dann unterläuft dem Geistlichen, der als junger Priester zwei Jahre in der schönen Stadt Illertissen (Stadtteil Au, Bayerisch-Schwaben) verbracht hat, ein grober Interview-Schnitzer: Gegenüber CNN bringt er Homosexualität und Kindesmissbrauch in einen unglücklichen Zusammenhang. Über Nacht ist er nicht mehr »papabile«.

Sympathiepunkte sammelt auch der jüngste Kardinal und Hoffnungsträger Asiens, der Filippino Luis Antonio Gokim Tagle. Sein Problem ist, dass viele der älteren Kardinäle

Angst haben vor einem Pontifikat, das 30 Jahre andauern könnte. Die Erfahrung mit Johannes Paul II. (1978 – 2005) hat in dieser Hinsicht doch sehr geprägt.

Einige Tage lang konzentriert sich die Gerüchteküche auf die Nord- und Südamerikaner. Der Brasilianer Odilo Scherer und der Kanadier Marc Ouellet werden immer wieder genannt – und zunehmend auch Kapuzinermönch O'Malley. Später wird bekannt, dass der Erzbischof von Boston keine rechte Dynamik, kein Feuer versprühen konnte, als er im Vor-Konklave vor seine Mitbrüder trat. Hinzu kommen Bedenken, dass der Aderlass der katholischen Kirche in Lateinamerika mit einem »Gringo« (Nordamerikaner) an der Spitze eher noch verstärkt werden könnte.

Einen kämpferischen Eindruck macht hingegen von Anfang an der Erzbischof von Buenos Aires, Kardinal Jorge Mario Bergoglio, der schon acht Jahre zuvor zu den schärfsten Rivalen Joseph Ratzingers gezählt hatte. Indiskretionen zufolge soll er im ersten Wahlgang nur zehn Stimmen zurückgelegen haben, bis er von sich aus Bedenken signalisiert habe. Acht Jahre später trifft der Argentinier den Nerv etlicher seiner Mitbrüder, als er die Kirche der Zukunft so umreißt:

»Die Kirche ist aufgerufen, aus sich selbst herauszugehen und an die Ränder zu gehen. Nicht nur an die geografischen Ränder, sondern an die Grenzen der menschlichen Existenz (…) Wenn die Kirche nicht aus sich selbst herausgeht, um das Evangelium zu verkünden, kreist sie um sich selbst. Dann wird sie krank. Die Übel, die sich im Laufe der Zeit in den kirchlichen Institutionen entwickeln, haben ihre Wurzel in dieser Selbstbezogenheit. Es ist ein Geist des theologischen Narzissmus.«

Bergoglio wird sogar noch deutlicher mit seiner schmerzhaften Gegenwarts-Analyse, kommt zu einem knallharten

Schluss: »Diese Kirche lebt, damit die einen die anderen beweihräuchern.«

Ein Außenseiter bleibt der Argentinier trotzdem, jedenfalls für die meisten Beobachter: Erst am 11. März, dem Tag vor dem Konklave-Beginn also, bekomme ich einen dezenten Hinweis. Immerhin rutscht der Name Bergoglio erstmals auf meine 12-Favoriten-Liste, die ich frühmorgens an die Redaktion maile. »Bestellt« wird schließlich ein Text mit nur sechs Top-Favoriten. Ich tippe leider daneben, siebe Kardinal Bergoglio aus.

Bevor die Kardinäle ihre Zimmer im Gästehaus Santa Marta beziehen (und beim Essen kurzgehalten werden: in der Fastenzeit gibt's nur Obst als Nachtisch …), wird mir eine unvergessliche Ehre zuteil: Für einige Minuten darf ich in die längst für die Öffentlichkeit abgesperrte Sixtinische Kapelle, in der die Vorbereitungen für die geheimnisvollste Wahl der Welt in vollem Gange sind.

Seit ich Michelangelos »Jüngstes Gericht« als Bildchen in mein erstes Gotteslob steckte, haben mich die offensichtlichen und versteckten Aussagen dieses Bildes nicht losgelassen. Aber in den kommenden Tagen ist das Meisterwerk, das jährlich fünf Millionen Menschen bestaunen (und noch einmal zehn Millionen BILD-Leser, als Kai Diekmann dafür eine ganze Seite rausrückt), nur Kulisse.

Hier noch eine Werkzeugkiste, da noch ein Karton, eine weiße Plastiktüte direkt vor dem Altar. In meiner BILD-Reportage staune ich: »Dort, wo ab übermorgen 115 Kardinäle das neue Oberhaupt von 1,2 Milliarden Katholiken wählen, sieht es noch ein bisschen so aus wie bei ›Einsatz in vier Wänden‹.«

Mich interessiert vor allem, ob der Ofen diesmal pannenfrei arbeiten wird, nachdem 2005 so manches schieflief. Ein eigentlich zum Schweigen verdonnerter Schweizergardist klärt mich auf: Der antike Ofen dient seit 1939 zum Verbrennen der Wahlzettel. Der moderne Zusatzofen, der durch Chemikalien den Rauch aufhellen oder einschwärzen soll, war erstmals bei der Wahl von Benedikt XVI. 2005 im Einsatz. Die Technik wurde inzwischen nachgebessert.

Selbst aus der exakten chemischen Zusammensetzung der Ofen-Kartuschen, die für das siebenminütige schwarze oder weiße Rauchsignal sorgen, macht der Vatikan ausnahmsweise kein Geheimnis: Im aufsteigenen schwarzen Rauch sei Schwefel enthalten, erfahre ich. Im weißen Rauch steckt u. a. Laktose (Milchzucker).

Am Dienstagmorgen (Sonntag wird im Vatikan aus Prinzip nicht gearbeitet, deshalb kann das Konklave nicht am Montag beginnen) zieht es mich natürlich zum »1. Akt« in den Petersdom. Mit der Eröffnungsmesse »Pro Eligendo Romano Pontefice« wird der Heilige Geist um Beistand gerufen, selbst wenn der kanadische Kardinal Ouellet geheimnisvoll andeutet: »Gott hat seine Entscheidung bereits getroffen« …

Vielleicht Einbildung, aber nicht uninteressant: Teile des Sicherheitspersonals des Petersdoms, in dessen wunderschöner Taufkapelle immerhin unsere Tochter getauft wurde, behandeln mich heute hochnäsig.

Soll die unterschwellige Botschaft etwa lauten: »Schon bemerkt, dass die Zeit der Deutschen hier vorüber ist?«

Ich komme aus der Messe, die üblichen 13 Anrufe in Abwesenheit. Jemand aus der Redaktion will uuuuunbedingt wissen, ob heute Abend in der Sixtinischen Kapelle Häppchen gereicht werden. Und wenn ja, natürlich welche. Tja, was soll man sagen? Manchmal kommt einem die Entfernung zwischen Berlin und Rom schon sehr weit vor.

»Extra omnes« – »Alle hinaus«. Mit dieser historischen Rauswurf-Formel von Zeremonienmeister Guido Marini endet nach dem Einzug in die Sixtinische Kapelle der öffentliche Teil. Es beginnt die geheimnisvollste Wahl der Welt, die erstmals gar durch Handy-Störsender geschützt ist. Denn merke: Plappertanten unter den Kardinälen Exkommunikation anzudrohen ist gut, Kontrolle ist besser. Der Heilige Geist soll ungestört im Funkloch wirken.

Buonasera!

Plötzlich ist es passiert. »Che gioia.« Welche Freude!

Jeder Katholik kann in einem solchen Moment nur butterweiche Knie bekommen: Der Rauch um 19.06 Uhr ist zwar nicht schneeweiß, aber deutlich hellgrau. Bedeutet: HABEMUS PAPAM. Von dem nur noch kein Außenstehender den Namen kennt.

So einen Rausch der Glaubensfreude habe ich noch nie erlebt: Wie von unsichtbaren Magneten angezogen strömen die Römer zum Petersplatz. Viele fallen sich einfach in die Arme, küssen sich, das Gewirr der Stimmen und Gesänge ist groß, kann aber nicht das Läuten der Glocken übertönen.

Viele Blaulichter sind zu sehen, offenbar versucht die Polizei, erste Absperrungen zu errichten. Der Ansturm der Menschen scheint einfach zu groß, obwohl es empfindlich kühl ist an diesem Abend und regnet.

Kinder, die offenbar ganz in der Nähe wohnen, haben sich einfach Müllsäcke übergezogen, rennen übermütig in Richtung Petersplatz. Sie tauchen ein in dieses Meer aus Menschen, Fahnen und Regenschirmen. Der »Urbi et orbi«-Segen eines neu gewählten Papstes, so sagt der Volks-

glaube, hält ein ganzes Leben. Einen Ablass gibt's oben-
drauf.

Wir schreiben den 13.3.13, aber in Italien ist die 13 keine
Unglückszahl. Sondern die 17.

Als hinter dem von weißen Gardinen verhüllten Balkon
im Zentrum der Petersdomfassade das Licht angeht, hallen
die ersten »Viva il papa« über den Platz, die nicht mehr unserem Benedikt gelten.

Während die Begeisterung steigt und steigt, ist der neu-
gewählte Papst der wohl einsamste Mensch der Welt: Mut-
terseelenallein betet er für einige Minuten in der »Capella
Paolina«, zwischen den beiden Spätwerken von Michelan-
gelo. Dort, wo Benedikt XVI. zu seinem 85. Geburtstag
vor nicht einmal einem Jahr über die »letzte Wegstrecke
meines Lebens« sinniert hat.

Um 20.12 Uhr tritt der französische Kardinal Jean-Louis
Tauran auf die Mittelloggia, spricht die berühmten Worte
auf Latein, mit denen die Sensation perfekt ist:

»Annuntio vobis gaudium magnum;
habemus Papam:
Eminentissimum ac Reverendissimum Dominum,
Dominum Georgium Marium
Sanctae Romanae Ecclesiae Cardinalem Bergoglio
qui sibi nomen imposuit Franciscum.«

»Gaudium magnum«? Ist klar. Aber »Georgium Marium?«

Zigtausendfaches Stirnrunzeln unter den Regenschirmen: Wie? What? Come? Comment? Hä?

Entsprechend verhalten wird auf dem Petersplatz zunächst gejubelt: Mit dem Namen kann kaum jemand etwas
anfangen. Manchem Italiener wird in dieser Sekunde aller-

dings schmerzhaft bewusst, dass der »Bischof von Rom«
zum dritten Mal in Folge kein Landsmann sein wird. Doch
dass Franziskus ein Sohn italienischer Auswanderer ist, wird
sie später trösten. Und überhaupt: Der Name Franziskus
allein ist eine Botschaft, ein Versprechen, bei dem viele
Gänsehaut bekommen. Denn wofür Franz von Assisi steht,
weiß in Italien noch jedes Kind.

Um 20.24 Uhr hat das Warten ein Ende: Franziskus tritt
auf den Balkon, lauscht zunächst mit ernster Miene den
Hymnen. Um 20.32 Uhr – genau 13 Tage, 2 Stunden und
52 Minuten nach dem »Buonanotte«-Abschied von Benedikt XVI. in Castelgandolfo – spricht Franziskus seine berühmten ersten Worte als Papst (die in der deutschen
»Tagesschau«-Verlängerung von einem »Experten« über-
quatscht werden …):

»Fratelli e sorelle, buonasera« – »Brüder und Schwestern! Guten Abend!«
»Ihr wisst, es war die Aufgabe des Konklaves, Rom einen Bischof zu geben. Es scheint, meine Mitbrüder, die
Kardinäle, sind fast bis ans Ende der Welt gegangen,
um ihn zu holen. Aber wir sind hier. Ich danke euch für
diesen Empfang. Die Diözese Rom hat nun seinen Bischof. Danke. Zunächst möchte ich ein Gebet sprechen
für unseren emeritierten Bischof Benedikt XVI. Beten
wir alle gemeinsam für ihn, dass der Herr ihn segne
und die Mutter Gottes ihn beschütze:
Vater unser im Himmel (…)
Und jetzt beginnen wir diesen Weg – Bischof und
Volk –, den Weg der Kirche von Rom, die den Vorsitz
in der Liebe führt gegenüber allen Kirchen; einen Weg
der Brüderlichkeit, der Liebe, des gegenseitigen Ver-

trauens. Beten wir immer füreinander. Beten wir für die ganze Welt, damit ein großes Miteinander herrsche (…)«

Auffällig ist, dass Franziskus ganz in Weiß und mit einem schlichten Silberkreuz vor die Menge getreten ist.

Auch dieses Buch kann die Streitfrage nicht klären: Ist es im Moment der Einkleidung wirklich zum denkwürdigen Streit zwischen neu gewähltem Papst und Zeremonienmeister gekommen, weil Franziskus die rote Mozzetta, den Schulterumhang mit Kunst-Hermelinbesatz und die roten Schuhe nicht anziehen wollte? Hat er – wie in den Tagen darauf behauptet – den armen Guido Marini in der Ankleidekammer (»Kammer der Tränen«) wirklich mit den Worten »Der Karneval ist vorüber« abgekanzelt?

Wenn es nicht wahr ist, ist es gut erfunden.

Sicher ist, dass Franziskus Gänswein bittet, ihm Benedikt XVI. in Castelgandolfo ans Telefon zu holen. Sofort.

Wenig später sitze ich schon wieder im Presseamt des Heiligen Stuhls, den Redaktionsschluss im Nacken. Für die spät gedruckten Ausgaben muss ich unbedingt noch abklären, ob der neue Papst wirklich »Franziskus I.« heißt, wie die Deutsche Bischofskonferenz in ihrem Glückwunsch-Schreiben behauptet. Oder ob er erst posthum so genannt werden wird, falls es jemals einen zweiten Franziskus geben sollte. Letzteres stimmt.

Dann noch ein Sprint über den Petersplatz zum Campo Santo Teutonico, unsere Mixed Zone, wo die deutschen Kardinäle für kurze Statements zur Verfügung stehen sollen. Vor allem der Mainzer Kardinal Lehmann wirkt sehr zufrieden in dieser Nacht.

Gegen Mitternacht macht sich eine seltsame Karawane

aus dem Vatikan auf den Weg zu »La Vittoria«, dem nächstgelegenen und auch von vielen Kirchenmännern heiß geliebten Lokal. Die Sperrstunde ist in dieser Nacht aufgehoben, es ist brechend voll. Wirt Claudio, der sich über die Jahre vom Tellerwäscher nach oben gearbeitet hat, übertrifft sich selbst bei seinen Slalomläufen durch die Gäste, balanciert Vorspeisenteller, Pasta und Hausweinkaraffen durch die Tische. Über allem Trubel wacht, wie immer, ein Bild von Benedikt XVI.

Hier drinnen ist noch die alte Zeit, draußen hat die neue Kirchenepoche gerade begonnen. Die am heißesten diskutierte Frage: Wird Franziskus bald seinen Vorgänger aufsuchen? Wie werden sie sich begrüßen und wird es davon Bilder geben?

Der kürzeste Witz der Welt ist dann tot: »Treffen sich zwei Päpste …«

Von Hund
und Katz

Zwei Gesten sind es, die den »Papst vom anderen Ende der Welt« schon nach 72 Stunden für ein neues Amtsverständnis stehen lassen: Dass er die Rechnung für seine Unterkunft in voller Papstmontur begleicht, er dort eigenhändig sein Gepäck abholt. Und dass er den glänzenden schwarzen Mercedes nach seiner Wahl stehen gelassen hat, sich lieber mit den anderen Kardinälen in den Bus setzt.

Kein Zweifel, eindrucksvolle Zeichen der Demut, über die weltweit positiv, in einigen Fällen schon überschwänglich berichtet wird. So bescheiden, der neue Papst.

Gleichzeitig beginnt unter den »Vaticanisti« in diesen Tagen eine Diskussion, die nie ganz verstummen wird: Kann man Understatement übertreiben? Wie offensiv darf man Demut zur Schau stellen, ohne den Begriff ad absurdum zu führen? Konkret: Hätte Franziskus seine Rechnung nicht auch begleichen können, ohne einen Fotografen dazu mitzunehmen?

An dieser Stelle würde ein Psychologe wahrscheinlich einwerfen, dass es Katholiken mit Heiligen Vätern kaum anders ergehen kann als Liebenden nach einer Trennung: Eigentlich bräuchte man Zeit bis zur nächsten Bindung.

Überschneidungen verstören zutiefst. Man ist erst dann wirklich offen und reif für eine neue Beziehung, wenn das alte Kapitel sauber abgeschlossen ist.

Das mag stimmen. Allerdings kann man sich auch nur wundern über diejenigen, die so tun, als würde ein eigenhändig geschleppter Koffer mehr wiegen als die Lasten, die Benedikt XVI. zwischen seinem 78. und 85. Lebensjahr auf sich genommen hat. Und fällt es nicht auf, dass die Begeisterung für den neuen Papst bei denen am größten zu sein scheint, die mit dem alten nichts anfangen konnten? Bedeutet Abgrenzung zu Traditionen nicht auch automatisch Profilierung auf Kosten der Vorgänger?

Drei Tage sind seit der Wahl vergangen. Der Ort der ersten Begegnung zwischen Papst Franziskus und uns Medienvertretern ist ausgerechnet die Audienzhalle.

Doch das triste Ambiente überstrahlt der Neue mit seinem Charisma locker. Spätestens mit dem Satz: »Ihr habt ganz schön viel gearbeitet, was?«, verbunden mit einem Lächeln, das zugleich spitzbübisch und großväterlich wirkt, spüren die meisten: Hier spricht das Herz. Hier öffnen sich gerade die Kirchenfenster für frischen Wind. Hier kommt das Selbstbewusstsein zurück, das der Kirche zumindest über die letzten Monate abhandengekommen war.

Ein paar Meter von mir entfernt steht, so viel hat sich bereits herumgesprochen, ein Mann mit Brüchen. Der Nachfolger von »Vogelprediger« Franz von Assisi hat einst als Rauswerfer in einem Nachtclub gejobbt. Verliebt war er auch mal, heißt es. Er ist »geerdet«, vermerkt die Schweizer Zeitung »Blick« und staunt: »Während Benedikt XVI. bei solchen Anlässen jeweils sanft hereinzuschweben pflegte, stampft Franziskus förmlich auf die Bühne.«

Ich gebe es zu: Ich bin an diesem Samstagvormittag eher

Skeptiker. Aber die Worte, mit denen Franziskus seine Namenswahl begründet, berühren doch sehr: Sein Freund, der brasilianische Kardinal Claudio Hummes, habe ihn im Moment des feststehenden Wahlsieges in der Sistina umarmt, geküsst und ermahnt: »Vergiss die Armen nicht!«

In diesem Augenblick erst sei in ihm »aus dem Herzen« eingefallen, sich nach Franz von Assisi zu benennen, jenem »Mann der Armut und des Friedens«. Das ist in seinem Fall keine Anmaßung: Als Erzbischof von Buenos Aires hat er mehr Zeit in den Armenvierteln verbracht als vor dem Altar.

Wer Geld verschwendete, beleidigte aus seiner Sicht die Armen. So nahm er die U-Bahn und den Billigflieger, ließ sich sein erstes Kardinalsgewand von seiner Schwester schneidern, nachdem er sich in Rom unverbindlich über die Preise informiert hatte. So kaufte er sich einen Heizlüfter, weil ihm die Rechnung für die Zentralheizung des Bischöflichen Palastes obszön vorkam. Der Vatikan gab zur selben Zeit allein eine halbe Million Euro für eine saisonale Weihnachtskrippe auf dem Petersplatz aus.

Dann sagt Franziskus diesen vielleicht wichtigsten Satz seines Pontifikats, der sofort um die Welt geht: »Wie gern hätte ich eine arme Kirche für die Armen.«

Wie er sich das vorstellt, wird schon in den nächsten Tagen und Wochen sichtbar: eine Kirche ohne Papst-Thron, ohne Gold- und Diamantenkreuze für seine Kardinäle, ohne First-Class-Flüge für die Bischöfe. Und weg mit den teuren Dienstwagen: »Es schmerzt mich, wenn ich einen Priester oder eine Nonne mit dem neuesten Automodell sehe: Das geht nicht! (…) Ich halte das Auto für notwendig (…) Aber nehmt ein bescheideneres Modell! Und wenn euch dieses schöne Auto so gefällt, dann denkt daran, wie viele Kinder verhungern.«

Franziskus knüpft radikal an Benedikts »Freiburger Rede« an, in der dieser gegen »materielle Bindungen«, »Gewohnheit« und »Konvention« gewettert hatte, durch welche die Kirche ihrer Glaubwürdigkeit beraubt werde. Benedikts Schlussfolgerung: »Leben wir als einzelne und als Gemeinschaft der Kirche die Einfachheit einer großen Liebe, die auf der Welt das Einfachste und das Schwerste zugleich ist, weil es nicht mehr und nicht weniger verlangt, als sich selbst zu verschenken.«

Das könnten auch die Worte des neuen Papstes sein.

Und hat Franziskus nicht von der Mittelloggia des Petersdoms als Erstes für seinen Vorgänger gebetet? Packt er nicht an, wozu Benedikt die Kraft und vielleicht nach 30 Jahren Kurie von innen ein Stück weit der Mut gefehlt hat? Wie gern würde man nun einen Haken hinter das Thema »Kontinuität« machen. Doch so einfach stehen die Dinge nun einmal nicht.

Am Ende der »Medien-Audienz« darf eine ausgewählte Gruppe von Besuchern Franziskus persönlich begrüßen. Darunter ist ein sehr beliebter blinder Radiokollege, der sich mithilfe seines Blindenhundes »Asia« den Weg zu Franziskus bahnt. Für alle sichtbar freut sich der Papst besonders über den einzigen Audienz-Besucher auf vier Pfoten, tätschelt und segnet ihn.

Die Tatsache, dass Franziskus ein Hundeliebhaber ist, wäre vielleicht nicht weiter erwähnenswert, wenn Benedikt nicht ein so leidenschaftlicher Katzenfreund (mit einem gewissen Respekt vor Hunden) wäre. Zwei sind »wie Hund und Katz«, sagt man, wenn Menschen voller offensichtlicher Gegensätze sind.

Abstreiten lassen sich die Kontraste bei diesen beiden nicht: Hier der von Natur aus schüchterne Professor, der am liebsten mit seinen Büchern allein ist. Dort der Papst »zum Anfassen«, der keine Berührungsängste kennt, dafür umso mehr Sorge vor »Isolation«, vor Vereinsamung. Hier der musikalische und sprachbegabte Papst, der aus Pflichtgefühl stundenlang für seine »Urbi et Orbi«-Grüße in 65 Sprachen geübt hat. Dort der völlig unmusikalische Bergoglio, der nicht singt und zudem ausschließlich auf Italienisch grüßt, womit er – so ungerecht ist das Leben – die Massen dennoch direkter zu erreichen scheint. Hier der Papst, der jedes öffentliche Wort zum Angelus-Gebet dreimal bedenkt, dort der Nachfolger, der kurz lässig den Daumen nach oben reckt und der Menge »Buona domenica e buon pranzo« wünscht – »Schönen Sonntag und guten Appetit«.

In den kommenden 12 Monaten wird sich die Besucherzahl für die Audienzen und für die Sonntagsgebete auf dem Petersplatz verfünffachen, werden die grundsätzlich kostenlosen Tickets für Papstmessen auf dem Schwarzmarkt gehandelt. Blitzschnell werden noch mitten im Frühjahr »Franziskus-Kalender 2013« gedruckt und gegen die alten eingetauscht. Die ersten Bücher, die Franziskus analysieren, finden reißenden Absatz. Italienische Kinder können sich schon bald Franziskus-Bilder aus Sammeltütchen in ein Album kleben. Und Pizzabäcker Pasquale freut sich über seine Umsatzsprünge nach jedem »Buon pranzo« drüben auf dem Petersplatz.

Er will jetzt Spanisch statt Englisch lernen ...

Treffen sich
zwei Päpste …

Bevor Franziskus sein erstes Osterfest als Bischof von Rom feiert, erweist er seinem Vorgänger Benedikt XVI. mit einem Abstecher nach Castelgandolfo die Ehre. Als Reporter fühlt man sich an diesem Tag ein bisschen wie der berühmte Dackel vor der Supermarkttür: »Wir müssen leider draußen bleiben.«

Doch die strikte Türpolitik beim »privat« deklarierten Treffen sowie die spärliche Weiterverbreitung von Informationen durch den Vatikan hat Gründe: Benedikts Gesundheit ist nach seinem Rücktritt bereits angegriffen. Außerdem gibt es Warnungen hoher Würden- und Bedenkenträger, der Anblick von zwei Päpsten könne bei den Gläubigen »nachhaltig Verwirrung stiften«. Es sind dieselben Traditionalisten, die fast in Ohnmacht fallen, als Franziskus erstmals bei der Generalaudienz seinen weißen Zucchetto (Scheitelkappe) mit Souvenirjägern tauscht.

Doch es ist nicht irgendein privates Treffen in Castelgandolfo, sondern die erste Begegnung von zwei Päpsten in 2000 Jahren Kirchengeschichte.

Was bleibt uns Ausgesperrten übrig, als auf die »freigegebenen« Bilder zu warten: die brüderliche Umarmung gleich zu Beginn. Franziskus trägt an diesem Tag zusätzlich zur weißen Alltags-Soutane den typischen weißen Schulterumhang und das Zingulum, ein breites weißes Band. Benedikt hat eine weiße gefütterte Jacke übergezogen. Sie fahren zusammen im Aufzug nach oben. Seite an Seite knien und beten die beiden in derselben Kirchenbank. Päpste unter sich.

Franziskus, glühender Verehrer der Gottesmutter wie Benedikt, hat seinem Vorgänger ein Geschenk mitgebracht, eine Marienikone, die »Madonna der Demut«.

Was durchsickert: Auch der 300-seitige Geheimbericht über Hintergründe und Hintermänner der Vatileaks-Affäre, die Benedikt XVI. seinem Nachfolger hinterlassen hat, spielt bei der Begegnung eine Rolle.

Wer sagt, dass die beiden Konkurrenten von 2005 nicht zu einem harmonischen Miteinander finden könnten: »Die Seelenverwandtschaft zwischen Benedikt und Franziskus ist größer, als die Welt es in ihrer ersten Begeisterung für den »Neuen« erkennen konnte oder wollte«, schreibe ich an diesem Tag.

»Auch Benedikt hatte ein großes Herz für Arme, wie sich speziell nach Naturkatastrophen zeigte. Seine nie zur Schau gestellte Demut beeindruckte alle, die ihm persönlich nahekamen – auch wenn ihm sein Verständnis von Kirchentradition nicht erlaubte, den privaten Stil auf das Papstamt zu übertragen.«

Das erste Osterfest im neuen Amt rückt näher – und Franziskus setzt weitere Ausrufezeichen. An Gründonnerstag bricht er gleich mit mehreren jahrhundertealten Traditionen: Er feiert den Gottesdienst im Jugendgefängnis Casal del Marmo und wäscht dort – nach dem Vorbild Jesu mit seinen 12 Jüngern – neben zehn Männern auch zwei Frauen die Füße. Darunter: eine junge Muslimin aus Osteuropa. Eine Geste, die Franziskus in der muslimischen Welt viele Sympathien einbringt, konservativ-katholische Kreise aber nachhaltig verärgert. Dabei hat Franziskus zu seiner Zeit in Buenos Aires auch Aids-Kranken und Drogensüchtigen die Füße gewaschen.

Von seinem ersten Osterfest bleibt vor allem in Erinnerung, dass Francesco gegen die katholische Steifheit anpredigt: »Seid niemals traurige Menschen: ein Christ darf das niemals sein!« – »Habt keine Angst vor Zärtlichkeit« – »Öffnet euch für das Neue, für die Überraschungen Gottes«.

Mit »Überraschungen Gottes« meint er doch nicht etwa sich selbst?

Franziskus sagt
auf bayrisch »Grüß Gott«

Als Benedikt XVI. Anfang Mai nach Rom zurückkehrt, im ehemaligen Kloster »Mater Ecclesiae« sein Altersdomizil bezieht, empfängt ihn dort wie selbstverständlich sein Nachfolger. Von nun an leben zwei Päpste im Vatikan, getrennt nur durch einen idyllischen Weg durch die Vatikanischen Gärten.

Der Argentinier hat inzwischen bekannt gegeben, nicht wie alle Vorgänger in den Apostolischen Palast zu ziehen, sondern sein Zimmer 201 im Kardinal-Gästehaus zu behalten. So trennen die beiden nur einige Hundert Meter, werden sie künftig Nachbarn sein.

Für die Schweizergarde hat seine Entscheidung weitreichende Konsequenzen. Ihr Aufwand für den Schutz von Palast und Papst verdoppelt sich, ohne dass sich an der Personaldecke etwas ändert. Dafür haben die jungen Soldaten es mit einem Kirchenoberhaupt zu tun, das den Diensthabenden schon einmal einen Stuhl bringt oder für 30 Cent einen Kaffee aus dem Automaten zieht.

In ihrem heiligen Eid schwören die Rekruten einmal im Jahr, für ihren Schützling, den Papst, »wenn es erheischt sein sollte«, gar ihr Leben zu geben. Zu dem Anlass bekommt der Bundespräsident der Eidgenossenschaft, Ueli Maurer (62), eine Audienz. Für mich die lang ersehnte Gelegenheit, den Papst aus der Nähe zu erleben.

Ein Mitarbeiter des Presseamtes stellt mich am Ende der Audienz vor, es folgt ein angenehmer, aber kurzer Händedruck.

Mit einem herzlichen, lauten und vor allem fast akzentfreien »Grüß Gott« überrascht mich der argentinische Papst, als er von meiner bayerischen Herkunft erfährt. Ob er diesen Gruß von Benedikt XVI. übernommen hat? Wahrscheinlicher ist, dass sich dem Priester und Jesuit Jorge Mario Bergoglio der süddeutsche Gruß bereits vor 27 Jahren eingeprägt hat. Damals paukte der Spätberufene einige Wochen lang im fränkischen Rothenburg ob der Tauber (Nordbayern) am Goethe-Institut Deutsch.

Viel Zeit zum Reden bleibt nicht an diesem Tag: Ein Aufpasser hatte vor der Begegnung ermahnt, daran zu denken, dass »die Kirche da ist, um zu beichten, nicht der Heilige Vater«. Im Klartext: 30 Sekunden maximal.

Mein Gefühl: Franziskus ist genau so, wie er über die Fernsehbilder rüberkommt. Ein einfacher, gewitzter und moderner Don Camillo, dessen Feindbild freilich nicht die Kommunisten sind, sondern die Heuchler und Routine-Christen in den eigenen Reihen. Ein wenig schüchterner wirkt er als auf den TV-Bildern, die ihn so oft beim selbstbewussten Bad in der Menge zeigen. Doch der Eindruck, so hören wir, täuscht: Sosehr dieser Papst auf Konsens bedacht ist und Meinungen von allen Seiten einholt: Seine Entscheidungen trifft er allein und notfalls mit Härte.

Seine Machtworte können enttäuschend ausfallen, wie für die vielen »kleinen« Vatikan-Angestellten, denen er als eine seiner ersten Amtshandlungen die traditionelle Prämie (ca. ein Drittel des Monatsgehaltes) bei der Wahl eines neuen Papstes streicht. Sie können aber auch Stolz auslösen, wie die einsame Entscheidung von Franziskus, seine erste Flugreise nach Lampedusa zu unternehmen, um ein Zeichen gegen das Flüchtlingselend zu setzen. Gegen die »Globalisierung der Gleichgültigkeit«, wie Franziskus sich vor Ort ausdrücken wird.

Sein Credo lautet: »Der Hirte muss nach seinen Schafen riechen.«

Wie man hört, konnte Franziskus nur mit allergrößter Mühe davon abgehalten werden, die Insel per Linienmaschine anzufliegen.

Der IOR-Skandal:
Ein Deutscher soll die Vatikanbank retten

Man sagt Papst Benedikt XVI. nach, er habe bei Personalentscheidungen nicht immer eine glückliche Hand gehabt. Doch ausgerechnet seine allerletzte erweist sich – Stand Sommer 2014 – als richtungsweisend.

Nicht zuletzt im Zuge der Vatileaks-Affäre wurde Benedikt klar, wie dreist seine Anweisungen aus dem »Motu proprio« (Apostolisches Schreiben) von Ende 2010 von manchen ignoriert worden sind. Darin hatte er zur Bekämpfung von Geldwäsche aufgerufen und erstmals eine neutrale Finanzaufsicht installiert. Nun beordert er als eine seiner letzten Amtshandlungen einen Landsmann, dem er vertraut, an die Spitze der Vatikanbank IOR (»Istituto per le Opere di Religione«, »Institut für die religiösen Werke«). Dessen Aufgabe: Transparenz.

Der Mann ist noch gar nicht in Rom, schon hat er mächtige Feinde.

Malteserritter Ernst von Freyberg (54, verheiratet) ist in der 127-jährigen Geschichte der Vatikanbank der erste deutsche Chef. Nach 100 Tagen im Amt gibt er dem Kollegen Nikolaus Harbusch und mir am Vatikan-Banksitz im mittelalterlichen Nikolaus-Turm sein erstes Interview.

Von Freyberg nennt erste Zahlen, die über Jahrzehnte nur die Ohren ausgewählter Kardinäle erreichten. »Wir verwalten 6,3 Milliarden Euro mit 18 900 Konten von Orden, Bistümern, katholischen Einrichtungen, Mitarbeitern und Diplomaten am Heiligen Stuhl. Papst Franziskus kann über den aktuellen Gewinn von 86,6 Mio. Euro frei verfügen.«

Und dann sagt er den Satz, den die Profiteure des Selbstbedienungssystems IOR nur als Kampfansage verstehen können: »Ich will die Geldwäscher unter den Kunden aussortieren und Transparenz bei den wirtschaftlichen Kennzahlen herstellen (…) Ich habe Papst Benedikt versprochen zu kämpfen. Ich werde Konten kündigen und Mitarbeiter rauswerfen, sollte dies nötig sein. Geldwäsche und Steuerhinterziehung – nicht mit uns! Bei Klüngeleien und Sauereien habe ich null Toleranz.«

Monatelang steht die Zukunft der Skandalbank, deren Geschichte auch mit angeblichen Mafia-Kontakten und dubiosen Todesfällen verknüpft ist, auf Messers Schneide. Die Option »Besser ein Ende mit Schrecken als ein Schrecken ohne Ende« scheint lange Zeit allzu verlockend zu sein: »Der heilige Petrus hatte kein Konto auf der Bank«, predigt der Papst im kleinen Kreis seiner Frühmesse. Und spricht erneut denkwürdige Worte: »Das Verkünden des Evangeliums muss auf der Straße der Armut geschehen. Diese Armut bezeugt: Ich habe keine Reichtümer außer dem, was ich empfangen habe, nämlich Gott. Dieser Geist des Kostenlosen ist unser Reichtum! Und diese Armut bewahrt uns davor, große Organisatoren oder Unternehmer zu werden.«

Aber kann ein Kirchenstaat seine Finanzen wirklich allein in weltliche Hände legen, indem er sein eigenes Banksystem abschafft? Viele Experten sagen: Nein. Im Frühjahr 2014 wird Papst Franziskus schließlich verkünden, dass er wie seine Vorgänger nicht auf die Dienste der sagenumwobenen Vatikanbank verzichten will.

Dazu muss man wissen: Der frühere Erzbischof von Buenos Aires hat der Vatikanbank nie vergessen, dass sie das Vermögen seiner Diözese und der übrigen Bistümer Argentiniens schützen konnte, als das südamerikanische Land im Januar 2002 den Staatsbankrott erklären musste. Zudem wohnte der deutsche »Chef-Banker Gottes« drei Tage die Woche mit ihm im Vatikan-Gästehaus »Santa Marta«. Ein paar Mal besuchte der Manager und Ex-Aufsichtsratschef der Hamburger Werft »Blohm + Voss« die päpstliche Frühmesse. Er holte sich gewissermaßen päpstlichen Segen für seinen harten Schnitt, für die Auflösung Hunderter dubioser Konten, für Transparenz bei den Zahlen, für die Trennung von Mitarbeitern, durch die er sich viele Feinde schafft.

Viele Mythen, Geheimnisse und Fragen zur päpstlichen »Schatzkammer« bleiben offen. Einige davon versuchen wir unseren Lesern zu beantworten:

Lagern tatsächlich riesige Goldreserven im Keller?

Der Vatikan mit seinen unermesslich wertvollen Kunst- und Bücherschätzen wird nicht umsonst von Sicherheitsprofis und von mehr als 5000 Kameras be- bzw. überwacht. Doch an der Legende vom Goldschatz ist nichts dran: »Der liegt nicht mehr im Vatikan, sondern bei der US-Notenbank, das Gold hat einen Wert von 35 Mio. Euro«, sagt Präsident von Freyberg. Ausgestellt sind in den Bankräumen allerdings die extrem seltenen und entsprechend teuren Goldmünzen, die der Vatikan selbst herausgibt.

Wie geriet das IOR international ins Abseits?

Über Jahrzehnte verteidigte der Vatikan sein Bankgeheimnis – mit der Argumentation »Wir sind aber doch die Guten«. Dies auch noch, als sich andere Finanz- und Steueroasen nach den Terrorangriffen von New York auf US-Druck längst bewegen mussten. Zu den Kunden des IOR zählten auch Diplomaten aus Ländern, deren Regierungen in zweifelhaftem Ruf stehen. Und: Über Geistliche als Strohmänner soll es der Mafia und hochrangigen italienischen Politikern gelungen sein, immense Bar-Vermögen zu verstecken. Wer überwacht das Geschäftsgebaren jetzt?

Übergeordnet ist eine Kommission aus fünf Kardinälen, die Papst Franziskus im Januar 2014 mit Ausnahme des Franzosen Jean-Louis Tauran (71) ausgetauscht hat. An sie berichtet die vatikanische Finanzaufsichtsbehörde (AIF). Und die externen Prüfer der Finanzberatung »Promontory«. Diese konnten bereits mehr als tausend Konten aufspüren, die der IOR-Satzung widersprachen und deshalb aufgelöst wurden.

Im Mai 2014 kommt schließlich heraus, dass in der Bilanz ein Loch von 15 Millionen Euro klafft. Und dass es Ex-Kardinalstaatssekretär Tarcisio Bertone höchstpersönlich war, der mit einem umstrittenen Deal die Aufmerksamkeit der Finanzaufsicht auf sich gezogen hat.

Im Juli 2014 wird bekannt, dass der Vatikan seine Finanzverwaltung neu organisieren will und im Zuge dessen das IOR neue Funktionen bekommen soll. Dafür, sagen einige Kardinäle, muss ein Vollzeit-Präsident her, keiner, der Familie und Geschäftsverpflichtungen in Deutschland hat. So kommt es zur Trennung und der Vatikan verliert einen »hoch geschätzten« (Vatikan-Sprecher Lombardi) Reformer. Neue »Berater« stehen dafür in den Startlöchern. Es geht um höchst lukrative Aufträge.

Freunde hatten von Freyberg zum Amtsantritt eine kugelsichere Weste geschenkt. Die mag gegen vieles helfen. Aber nicht gegen Giftpfeile.

Urbi et Ober –
Schafkopfen im Vatikan

Wie schimpfen sie im Vatikan alle seit Jahr und Tag über Dan Brown und seinen Verschwörungsthriller »Sakrileg« (»The Da Vinci Code« im Original). Aber gelesen haben sie den später mit Tom Hanks verfilmten Roman alle, auch wenn der »politisch-korrekte Kirchenkrimi« spätestens bei »Der Name der Rose« endet.

Selbst wenn es Insidern leichtfällt, über sachliche Fehler zu spotten: Bei 80 Millionen verkaufter Exemplare in 45 Sprachen kann man als Autor wahrscheinlich drüberstehen. Der renommierte Kirchenhistoriker aus Deutschland ist hingegen heilfroh, wenn sich zu seinem Vortrag über Pius XII. die Aula des »Campo Santo Teutonico« wenigstens zur Hälfte füllt. Dabei kann die Wirklichkeit im Vatikan spannender sein als jeder noch so gute Thriller. Nicht nur in Kriegsjahren.

Ausgerechnet an Dan Brown muss ich denken, als ich eines lauen Sommerabends auf der bereits erwähnten Dachterrasse des erst im 19. Jahrhundert errichteten Kollegsgebäudes stehen darf, von dem man hinüber zur Petersdomkuppel oder – Schwindelfreiheit vorausgesetzt – hinunter auf den deutlich älteren deutschen Friedhof blicken kann:

Papst Leo IV. schenkte das Gelände 800 n. Chr. Karl dem Großen zu seiner Kaiserkrönung. Zu der Zeit tanzten in der Heimat von Dan Brown kulturgeschichtlich noch die Mücken.

Die Brüstung ist niedrig, der Blick in den Abgrund furchteinflößend. Plötzlich durchzuckt mich die politisch inkorrekte, an diesem heiligen Ort sicher beichtpflichtige Lust, ein Krimi-Drehbuch zu schreiben. Für den ersten Tatort, der in Rom spielt. Mit Georg Gänswein, dem »George Clooney des Vatikans« (so nennt ihn die italienische Presse) in einer kleinen Gastrolle vielleicht? Zehn Millionen Zuschauer garantiert.

Normalerweise würden hier ja die Kommissare Montealbano oder Brunetti ermitteln. Weil aber die Leiche inmitten des deutschen Friedhofes liegt und es sich dabei um, um, um … sagen wir: den Kieler Priesterseminaristen Clemens von Herrenschimpf handelt, muss Ermittler Borowski ran. Und dem wird während seiner verdeckten Ermittlungen als Mönch Casparius von Baskerville schnell klar, weshalb der angehende Geistliche fünf Stockwerke tief auf die Grabplatten geplumpst ist, weil nämlich im Magen des Seminaristen …

»Halt endlich die Klappe und heb ab!«

Gut, wenn man Kartenfeunde hat, die einen bei Fantasie-Ausbrüchen rechtzeitig auf den Boden der Realität zurückholen …

Es ist nicht das erste Mal, dass sich eine illustre Runde von Freunden des urbayrischen Kartenspiels Schafkopf im oder um den Vatikan zusammenfindet und bei kühlem Bier über Gott und die Welt philosophiert. Aber es ist das erste Mal, dass es direkt an der Südflanke des Petersdoms klappt. Für einen, der als Kind die Reihenfolge der vier Ober kurz vor den vier Evangelisten gelernt hat, ein weiterer erfüllter Sommernachtstraum: »Urbi et Ober.«

Zwei Journalisten, zwei Geistliche. Alle in einfachen Poloshirts und einer davon – mit schlechtem Gewissen wegen des 11. Vatikan-Gebots (»Du sollst keine kurzen Hosen tragen«) – sogar in Bermudas. Gespielt wird um Kleinstbeträge, denn um Geld geht's bei dem Vierer-Kartenspiel mit den flexibel auslegbaren Regeldetails (Hauptunterschied zum Skat) nun wirklich als Letztes.

Um was es beim Blick auf die vertrauten Kartenbilder wirklich geht, beim Ablauf der unveränderlichen Rituale und Sprüche, kann nur ermessen, wer als Bayer schon einmal längere Zeit in der Diaspora gelebt hat: um Identität und Heimat, um Zusammengehörigkeitsgefühl und den in keiner Weltsprache übersetzbaren Begriff »Gemütlichkeit«.

Was nützt es den schönsten Gedanken, frei zu sein, wenn sie keine Reibfläche haben? Beim Kartenspielen muss nichts, darf aber alles raus an halb fertigem Gedankengut. Wahrscheinlich passiert das Gleiche bei Teenagern auf »WhatsApp« und bei den oberen Zehntausend auf dem Golfplatz. Eines ist gewiss: Durch nichts lernt man einander besser kennen und im Idealfall schätzen als mit acht Karten in der Hand.

Und so geht es an diesem Abend längst nicht nur um lange Farben und ungewinnbare Wenzen, nicht nur um Gedankensprünge zwischen Augustinus (Kirchenvater) und Augustiner-Brauerei, sondern um die vielen Bruchlinien innerhalb des Vatikans und der deutschen Kirche. Alles »unter 3«, versteht sich: Auch der Journalismus kennt sein »Beichtgeheimnis«.

Ab einer bestimmten Uhrzeit müssen Vatikanbesucher und angehende Thriller-Autoren aufpassen, dass sie nicht selbst noch ein Fall für die ohnehin dramatische Vatikanische Kriminalitätsstatistik (aufgrund der Taschendiebstähle weltweit höchste Zahl der Delikte pro Einwohner) werden. Nämlich dann, wenn sie vergessen, dass die Tore aus dem Kirchenstaat noch vor Mitternacht schließen. Dabei gehört zur Natur des Schafkopfspielens, dass immer noch späte, unerwartete und durstige Gäste dazustoßen – und dass man irgendwann einfach die Zeit vergisst.

Über eine bewachte Hintertür, die nur wenige kennen, gelange ich spätnachts auf den menschenleeren Petersplatz. Hier ist zu dieser Stunde allein die italienische Polizei für die Sicherheit verantwortlich. Prompt schießt ein Einsatzwagen auf mich zu.

Ich kann nicht widerstehen, auf die ruppige Frage, wo ich um diese Uhrzeit herkomme, zu brummeln: »Vom Schafkopf«. Um sogleich eine einleuchtendere, frommere italienische Übersetzung nachzuliefern.

Ein kurzer Nachtrag für Kenner: In dieser Nacht hat der legendäre, bereits in Augsburg, München, Hamburg und Berlin etablierte »Bellenberger Abschlussramsch« sein internationales Debüt gefeiert.

Zur Frühmesse
bei Franziskus

Die kurzfristige Absage fällt nicht leicht, doch die Glaubens-
party am Zuckerhut muss leider ohne mich stattfinden. Aus
persönlichen Gründen kann ich nicht mit zum Weltjugendtag in Rio de Janeiro fliegen und muss Rom für einige Wochen den Rücken kehren.

Mit veränderter Perspektive beobachte ich ein interessan-
tes Phänomen: Während in Italien und vielen anderen Ländern der Hype um Franziskus wächst und wächst, scheint
das Interesse in Deutschland bereits wieder abzuflauen. Jemanden für länger als ein paar Wochen gut zu finden,
scheint uns Deutschen nicht zu liegen (vielleicht hieß das
letzte Gegenbeispiel Loriot?). Viel lieber wird über Limburger Luxus gelästert, über das Millionengrab auf dem
Domhügel mit Koi-Karpfenbecken, das die mutigeren
Journalisten bald »Protzbau« nennen.

Der Druck auf den offensichtlich unbelehrbaren Luxus-
Liebhaber Bischof Franz-Peter Tebartz-van Elst wächst der-
maßen, dass der Vatikan eigens einen Sonderermittler ins
zerstrittene Bistum schicken muss. Im Oktober kommen
der scheidende Vorsitzende der Deutschen Bischofskonferenz, Freiburgs Erzbischof Robert Zollitsch, sowie der viel

kritisierte Bischof selbst nach Rom. Beide bekommen ihre Audienzen, doch die Konsequenz (Annahme des vom Limburger Bischof angebotenen Rücktritts) wird noch qualvolle fünf Monate in Anspruch nehmen.

Wie sehr das alles dem Ansehen der deutschen Kirche schadet, wird klar, als selbst der Dalai Lama in einem Interview in den USA auf den Skandal zu sprechen kommt, Papst Franziskus für dessen Stärke im Umgang mit dem Geistlichen lobt. Das muss man sich vorstellen: Nicht über den Krieg in Syrien wird geredet, sondern über den Krieg der Kleinkarierten von Limburg.

Es ist das Jahr der Zäsur für die deutsche Kirche: Kölns streitbarer Kardinal Meisner bereitet seinen Abschied aus dem Amt vor. Erzbischof und (ab Februar 2014) Kardinal Müller hat alle Hände voll zu tun, nach holprigem Start fest in den Sattel als Chef der Glaubenskongregation zu kommen. Wären da nicht der notorisch reformfreudige Franziskus-Freund Kardinal Kasper und der in den achtköpfigen Kardinalsrat zur Kurienreform berufene Kardinal Marx, man könnte fast denken, der »deutsche Einfluss« in Rom sei dahingeschmolzen. Oder zumindest auf die Ratgeberrolle von Benedikt XVI. zusammengeschrumpft. Seinen Vorgänger schätzt Franziskus im Laufe der Zeit immer mehr: »Er ist für mich wie der weise Großvater im eigenen Haus«, sagt er.

Fast an jedem Wochentagsmorgen feiert der Papst in der kleinen, modernen Kapelle des Santa-Marta-Gästehauses eine Frühmesse. Nur 50 Gläubige finden hier Platz auf leidlich bequemen Stühlen, wovon der Bischof von Rom grundsätzlich 25 an sein eigenes Bistum vergeben lässt. Als erste Besucher aus dem Vatikan hat er die Müllmänner und

Gärtner eingeladen, danach Angestellte aus vielen anderen Abteilungen. Die Anfragen für Restplätze gehen Tag für Tag in die Tausende.

Ein halbes Jahr dauert es, bis auch die Teilnahmebitten einiger Korrespondenten erhört werden. Treffpunkt: Montag, 6.45 Uhr am »Petriano«-Tor. Fotos und tagesaktuelle Berichterstattung: unerwünscht.

Wie wohltuend ist es, Franziskus einmal ohne das Gekreische bei den Generalaudienzen zu erleben, ohne die Sicherheitszonen, Bodyguards und Kamera-Hundertschaften im Petersdom. Ohne Notizblock und Kamera. Er ist einfach nur ein Priester, der allem Anschein nach kein Frühstück und keine große Zuhörerschaft braucht, um mit vollem Herzen zu predigen.

Er spricht von der täglichen Versuchung, Gottes Stimme zu »überhören«, die selbst vor Bischöfen oder Päpsten nicht haltmache.

Franziskus erinnert an die Jesus-Erzählung vom barmherzigen Samariter: Ein ausgeraubter Mann war achtlos am Straßenrand liegen gelassen worden, zufällig kam ein Priester des Weges: »Er sah und er sagte: Ich werde zu spät zur Messe kommen, und er ging weg. Der da hatte die Stimme Gottes nicht gehört.«

»Dann kam ein Levit vorüber, er sah, und vielleicht dachte er: Aber wenn ich ihn aufnehme oder mich ihm nähere: vielleicht ist er bereits tot, und morgen muss ich dann zum Richter gehen und als Zeuge aussagen. Und er ging vorüber. Er floh vor der Stimme Gottes in jenem Mann.«

Am Ende, so Franziskus, ist es ein sündiger Samariter, der »die Stimme Gottes vernimmt«, die Wunden des verlassenen Mannes versorgt, ihn in seine Herberge mitnimmt

Welche Ehre: Kurz vor der Papstwahl darf ich die bereits abgesperrte Sixtinische Kapelle inspizieren, auch den berühmtesten Ofen der Welt (zeugt weißen und schwarzen Rauch).

Historischer Moment: Im Besprechungszimmer von Erzbischof Gänswein, Präfekt
des Päpstlichen Hauses, werden im Sommer
2013 die Portraits getauscht. Der Privatsekretär von Benedikt XVI. steht seit
der Wahl von Franziskus »zwischen zwei
Päpsten«.

Bei der ersten persönlichen Begegnung begrüßt Papst Franziskus den Korrespondenten aus Bayern mit einem herzlichen, fast akzentfreien »Grüß Gott«.

Erfüllte Träume: Einmal Parken auf dem Petersplatz. Und einmal Schafkopf
Spielen mit dem schönsten Ausblick der Welt – auf Michelangelos geniale Kuppel.

»Kitsch as Kitsch can«: Zur Heiligsprechung von Papst Johannes Paul II. im April 2014 fallen alle Geschmacksgrenzen.

Momentaufnahmen von Papst Franziskus in Rom (diese Seite)
und (links unten) beim »Ökumene-Gipfel« in Jerusalem.

Beten für eine Lösung im Nahost-Konflikt: Papst Franziskus trifft den
unbeirrbaren Friedenskämpfer und -Nobelpreisträger Schimon Peres.

und pflegt. »Er hatte ein offenes Herz, er war menschlich.« Der Sünder habe als Einziger seine Pläne geändert.

»Ich frage mich und ich frage auch euch: Lassen wir uns unser Leben von Gott schreiben, oder wollen wir es selber schreiben?« Dann richtet Franziskus das Wort quasi an jeden Einzelnen: »Bist du dazu imstande, das Wort Gottes in der Geschichte jedes einzelnen Tages zu finden, oder sind es deine eigenen Vorstellungen, die dich leiten, und lässt du zu, dass die Überraschung des Herrn zu dir spricht?«

Es wäre leicht zu sagen, am meisten hätte einen an diesem Morgen die Predigt beeindruckt, der intime Rahmen der Messe oder die Tatsache, dass Franziskus jedem zum Abschied die Hand gereicht hat. Aber mit etwas Abstand betrachtet: Es war nichts von alledem.

Es waren die vielleicht acht Minuten, in denen sich der Papst nach der Messe einen Stuhl schnappte und sich mitten unter uns Besucher setzte, um still zu beten.

Ich muss an eine der ersten Ansprachen bei einer Generalaudienz denken, bei der der Papst bestritten hat, dass Gott unter Getauften Sonderstellungen vergibt. »Wir sind alle gleich. Und wenn einer sagt: ›Herr Papst, Sie haben doch nicht den gleichen Rang wie wir‹, dann sage ich: ›Doch, den habe ich. Ich bin einer von euch.‹«

Mancher war damals leicht peinlich berührt, empfand die Worte vielleicht gar als etwas anbiedernd, wie die routinierte Popstar-Beteuerung von der Konzertbühne: »I love you all.«

Wieder einmal ist es eine Geste, durch die dieser Papst seine Botschaft viel einfacher und überzeugender vermittelt als mit Worten. Die Geste besagt: »Wir alle beten hier gemeinsam, Seite an Seite, Schulter an Schulter. Ich bin wie du, genauso klein und genauso groß vor Gott.«

Ein unverhofftes
Wiedersehen

Es gibt Momente im Leben, von denen man schon vorher weiß, dass man sie nie vergessen wird.

Dazu gehört der Spätnachmittag, an dem wir als – inzwischen vierköpfige – Familie ganz allein im Vatikan eingeladen sind: Noch einmal dürfen wir den emeritierten Papst Benedikt XVI. treffen, zu einem Abschied, bevor sich die erste Rom-Korrespondentenzeit langsam ihrem Ende zuneigt.

Es ist ein merkwürdiges Gefühl, mit dem Auto in die Vatikanischen Gärten zu fahren, von dort auf die versteckte Petrus-Figur zwischen Palmen und Petersdom-Rückseite zu blicken. Wie schon beim Treffen in Castelgandolfo sind wir ein paar Minuten zu früh dran, aber ein weiterer Wickel-GAU bleibt uns dieses Mal zum Glück erspart.

Auf den ersten Blick hat sich für Benedikt XVI. an den Nachmittagen am wenigsten verändert: Wie all die Jahre über lässt er sich durch keine Verpflichtung davon abhalten, mit seinem Privatsekretär Georg Gänswein durch die Gärten zu spazieren und in aller Seelenruhe den Rosenkranz zu beten.

Benedikt XVI. geht inzwischen mit großer Selbstverständlichkeit am Stock, seine Schritte sind kurz, sie zwingen den sportlichen Gänswein Tag für Tag, seinen Rhythmus und seine Schrittlänge herunterzufahren.

Mit Fug und Recht kann man sagen, dass das zu Ende gehende Jahr 2013 für »Don Giorgio«, den beliebten Geistlichen aus dem Schwarzwald, die Reifeprüfung war. Denn einerseits bindet Gänswein ein Treueschwur an Benedikt XVI. – bis zu dessen Lebensende für ihn da zu sein, sofern dieser ihm nicht eines Tages eine andere Aufgabe nahelegt. Andererseits dient er Franziskus in seiner Rolle als Präfekt des Päpstlichen Hauses, was durchaus mehr als ein Halbtagsjob ist.

Die Konsequenz: Gänswein geht als erster »Pendler zwischen zwei Päpsten« in die Kirchengeschichte ein. Und muss in den Momenten, in denen Franziskus mit dem Stil seines Vorgängers bricht, den Spagat doppelter Loyalität hinbekommen.

Es ist kein Geheimnis, dass die erste Euphorie-Welle für Franziskus, die das Pontifikat von Benedikt XVI. zu überspülen drohte, nicht spurlos an Gänswein vorbeigegangen ist. Als der neue Chef in Öl in seinem Besprechungszimmer auf- und der alte abgehängt wird, kann Gänswein sich vom Benedikt-Porträt nicht auf Anhieb trennen. So bleibt es für einige Zeit noch auf dem Boden stehen.

Vor allem im Gebet gelingt es dem Diener zweier Päpste mit der Zeit, sein Gleichgewicht und seinen Humor wiederzufinden. Als Papst-Biograf Peter Seewald den Privatsekretär einige Wochen später fürs »SZ-Magazin« interviewt, sagt der Sohn eines Schmieds: »Ich habe mir den Doppeljob nicht ausgesucht, der kam eben auf mich zu. Ich nehme jetzt die beiden Realitäten, wie sie sind, und versuche, das zusammenzuschweißen.«

Benedikt XVI. fremdelt unterdessen weiter mit seiner neuen Rolle als Ruheständler: Kaum dass er das gesundheitliche Tief überwunden hat, beginnt er wieder mit Korrespondenz. Für die bevorstehende Heiligsprechung seines Vorgängers und Förderers Johannes Paul II. gibt er sogar noch einmal ein (schriftliches) Interview.

Auf Ermutigung seines Nachfolgers empfängt er auch wieder Besuch, vor allem aus der alten Heimat. Das »vor den Augen der Welt verborgene Leben« lebt sich mit Ausnahmen und regelmäßigen »musikalischen Grüßen« leichter. Benedikt XVI. feiert weiterhin seine eigene Morgenmesse, aber wenn ihn Franziskus um Rat fragt, lässt er gern alles stehen: Als dieser ihn um seine Meinung zu seinem ersten Interview (für die Jesuiten-Zeitschrift »Stimmen der Zeit«) bittet, bekommt er von Benedikt XVI. nicht weniger als vier Seiten »Anmerkungen«.

Auch zum Essen treffen sich die beiden gelegentlich, ohne dass die Öffentlichkeit davon Wind bekommen würde. Und erst recht nicht davon, dass Benedikt Franziskus von seinem hausgemachten Limoncello probieren lässt. Die Bibel weiß: Der Mensch lebt nicht vom Brot allein (Matthäus 4,4). Und der Papst aus Argentinien lebt nicht von Mate-Tee allein, den ihm Pilger aus der Heimat regelmäßig mitbringen …

Unser Besuch ist von vornherein nur als Kurz-Begegnung im Freien geplant. Die zärtliche Aufmerksamkeit des emeritierten Papstes, der jetzt nicht mehr grau-, sondern weißhaarig ist, gehört in erster Linie unseren kleinen Töchtern. Noch etwas schmächtiger als in den Monaten vor seinem Rücktritt kommt Benedikt mir vor. Seine einzigartige Aura ist geblieben.

Nürnberger Lebkuchen haben wir ihm mitgebracht, für

den Fall, dass die berühmten Lieblingsplätzchen aus Regensburg (selbst gebackene »Butterblümchen«) dieses Jahr noch auf sich warten lassen. Mit warmherzigen Worten spricht Benedikt über Agnes Heindl, die Haushälterin seines Bruders Georg, von deren Backkunst die päpstliche Familie über viele Jahre profitiert hat. Nun sei sie leider erkrankt (wenige Tage später wird sie an den Folgen dieser Erkrankung sterben).

Dann nimmt er sich für einen einfach nur schönen Augenblick Zeit, in einem privaten Fotobuch zu blättern, das aus Tausenden von Aufnahmen meiner Korrespondentenjahre entstanden ist. Seine privaten Abschiedsworte berühren natürlich sehr. Sie trösten auch über die Aussicht, Rom zu verlassen, ein wenig hinweg.

Zum Glück liege ich mit der Einschätzung, dass dies nun endgültig die letzte Gelegenheit war, Benedikt XVI. zu sehen, schon zum zweiten Mal daneben …

Der Papst ist
kein Superman

Als sich sein »Buonasera« als frisch gewählter Papst zum ersten Mal jährt, ist Papst Franziskus für niemanden zu sprechen: Mit seinen engsten Mitarbeitern hat er sich zu Fastenexerzitien zurückgezogen.

Vor seiner Abreise hat er aber eines klargestellt: dass ihm der Personenkult allmählich auf die Nerven geht. Anlass war ein (schnell entferntes) Graffiti in Vatikan-Nähe, das ihn in Superman-Pose zeigt. In einem Interview mit einer Zeitung« sagt Franziskus dazu: »Den Papst als eine Art Superman zu zeichnen, eine Art Star, scheint mir beleidigend. Der Papst ist ein Mensch, der lacht, weint, ruhig schläft und Freunde hat wie alle. Ein normaler Mensch.«

Ein Mensch, der viele Freunde hat, aber auch ernst zunehmende Kritiker, die sich mehr und mehr aus der Deckung wagen.

Es ist das erste Mal, dass dem »Piace-a-tutti«-Papst (ital. »gefällt jedem«) scharfer Wind ins Gesicht bläst: Speziell in den USA wird über seine erste programmatische Schrift (»Evangelii Gaudium«) gestritten. Seine Thesen zur Wirtschaft klingen für manche schlicht weltfremd – und für manche sehr verdächtig nach Marxismus.

Hat ihn der Vorwurf getroffen, ein Marxist zu sein, wird Franziskus im bereits zitierten Interview gefragt. »Überhaupt nicht, denn ich habe die marxistische Ideologie, die nicht wahr ist, nie geteilt. Allerdings habe ich redliche Menschen kennengelernt, die sich dazu bekennen«, stellt Franziskus klar.

Sein 184 Seiten langes Schreiben (vollständiger Titel: »Evangelii gaudium – Über die Verkündigung des Evangeliums in der Welt von heute«) birgt noch mehr Zündstoff, umreißt der Papst aus Argentinien darin doch erstmals seine Vorstellungen von der Kirche der Zukunft. In einigen Punkten (Frauenpriestertum, Lebensrecht Ungeborener …) stellt er klar, dass sich die Kirche nicht der öffentlichen Mehrheits-Meinung beugen wird. Doch die Töne, die er sonst anschlägt, sprechen durchaus für ungebrochenen Mut zu einer »Revolution von oben«.

Besonders mit der Berufsauffassung seiner Priester geht Franziskus hart ins Gericht: Er beklagt »pastorale Trägheit«, Geistliche, die den wirklichen Kontakt zu den Menschen verloren haben: »Ein Verkünder des Evangeliums darf nicht ständig ein Gesicht wie bei einer Beerdigung haben«, schreibt er.

Das »Gegenrezept« alla Franziskus: Die Kirche von morgen müsse wieder die Evangelisierung in den Mittelpunkt rücken. Um Suchenden den (Rück-)Weg zu Gott zu erleichtern, brauche es »Feuer, um Herzen zu entzünden«.

Nicht »Revolution« nennt Franziskus das, was ihm konkret vorschwebt, sondern »Aufbruch«.

Ohne den heiß diskutierten Streitpunkt »Kommunion für Wiederverheiratete« beim Namen zu nennen, weckt Franziskus Hoffnung bei Betroffenen: Die Eucharistie sei nicht eine bloße Belohnung für die Vollkommenen, sondern »ein großzügiges Heilmittel und eine Nahrung für die Schwachen«: »Häufig verhalten wir uns wie Kontrolleure der Gnade und nicht wie ihre Förderer. Doch die Kirche ist keine Zollstation, sie ist das Vaterhaus, wo Platz ist für jeden mit seinem mühevollen Leben.«

Dann bringt Franziskus seine Vorstellung vom neuen Geist, der durch die katholische Kirche (1,2 Milliarden Mitglieder) wehen soll, kämpferisch auf den Punkt: »Brechen wir auf, gehen wir hinaus, um allen das Leben Jesu Christi anzubieten! Ich wiederhole hier für die ganze Kirche, was ich viele Male den Priestern und Laien von Buenos Aires gesagt habe: Mir ist eine »verbeulte« Kirche, die verletzt und beschmutzt ist, weil sie auf die Straßen hinausgegangen ist, lieber, als eine Kirche, die aufgrund ihrer Verschlossenheit und ihrer Bequemlichkeit, sich an die eigenen Sicherheiten zu klammern, krank ist.«

In der Römischen Kurie hält sich der Beifall über die schonungslose Krankheitsdiagnose in Grenzen. Zu sehr ist das Misstrauen gewachsen, seit der Papst sich von der Zeitung »La Repubblica« mit den Worten zitieren ließ: »Der Hof ist die Lepra des Papsttums.« Sauer reagieren darauf übrigens auch Interessenverbände von Leprakranken, die sich durch den Spruch diskriminiert fühlen. Eine ziemlich peinliche Kommunikationspanne.

Dabei ist es gerade seine Nähe zu den Schwachen und Kranken, die dem Papst Sympathie einbringt: Kaum eine Zeitung der Welt lässt sich das Foto entgehen, als Franziskus einem über und über mit Geschwüren übersäten »Warzen-Mann« tröstend die Hand auflegt. Langjährige Vatikan-Beobachter staunen: Gab es nicht mal einen Ehrenkodex für Fotografen, Kranke und Behinderte nicht mit dem Papst abzulichten? Weil es schlicht unmöglich war und ist, deren Zustimmung zur Veröffentlichung der Bilder einzuholen?

Früher hätte sich wahrscheinlich auch kein Paparazzi getraut, auf die Kuppel des Petersdoms zu steigen, um per Tele-Objektiv Fotos von der nicht mehr öffentlichen Person Benedikt XVI. zu schießen. Aber das ist eine andere Geschichte.

In diesem Fall geht rückwirkend betrachtet alles gut: Vinicio Riva (53), der »Warzen-Mann«, freut sich sogar sehr über den Besuch, als ihn Reporter im norditalienischen Vicenza aufspüren. Seine Krankheit (»Morbus Recklinghausen«) sei nicht ansteckend, versichert der Mann, der wie ein Aussätziger aussieht. Aber das habe Franziskus nicht wissen können, als sie sich umarmten. Keine Inszenierung also. Seit sich Profi-PR-Berater im Vatikan tummeln, fragt man besser mal nach. Spürbar ist aber auch: Franziskus tut im Umgang mit Kranken genau das, was er fühlt. Er ist in diesem Punkt vollkommen authentisch.

Eine andere »Modernisierungs«-Entscheidung verschlechtert die Stimmung im Vatikan nachhaltig: Franziskus holt ausgerechnet die als eiskalte Sanierer verschriene Beratungsfirma »McKinsey« in den Vatikan. Die Manager-Berater sollen für mehr Effizienz in der Kirchenverwaltung sorgen – eine Aufgabe, mit der die achtköpfige Kardinalskommission anscheinend allein überfordert ist.

Das bedeutet wie in der freien Wirtschaft: drohende Stellenkürzungen, eingefrorene Gehälter usw. Marktübliche Konzernlogik für die Kirche, die doch eigentlich kein Konzern sein will. Hinzu kommt die Idee, mehr auf Freiwillige zu setzen, denen Gotteslohn genügt. »Die Arbeitsmotivation geht bei vielen gegen null«, erzählt mir kurz vor meinem Abschied ein Vatikan-Mitarbeiter.

Nach einem Jahr im Amt wartet Franziskus noch mit einer echten Überraschung auf, als er vor Tausenden Priestern seiner Diözese einen eigenen Verstoß gegen das siebte Gebot »beichtet«: Er habe selbst einmal gestohlen – und das sogar aus einem Sarg.

Wie das? »Radio Vatikan« zitiert den Papst mit den Worten, er habe als Generalvikar an einem Ostermorgen vom Tod eines hochbetagten Geistlichen erfahren, der ihm wie vielen andern Geistlichen aus Buenos Aires oft die Beichte abgenommen hatte.

»Ich bin in die Krypta hinabgestiegen und dort war die Bahre, nur zwei alte Menschen waren da und haben gebetet. Es gab keine Blumen.«

Das habe er »unmöglich« gefunden. Er sei deshalb Rosen kaufen gegangen. Beim Schmücken der Bahre habe er den Rosenkranz gesehen, den sein toter Beichtvater in den Händen hielt. »Da ist in mir der kleine Dieb wach geworden, der ja in uns allen steckt, nicht wahr? Und während ich dort die Blumen verteilte, habe ich das Kreuz vom Rosenkranz abgenommen …«

In diesem Moment habe er den Verstorbenen angesehen und gesagt: »Gib mir die Hälfte deiner Barmherzigkeit!« Dabei habe er »eine Kraft gespürt, die mich das hat machen lassen. (…) Dann habe ich das Kreuz in die Tasche gesteckt.«

Bis heute trage er das Kruzifix immer bei sich: »Wenn mir ein böser Gedanke gegen einen anderen kommt, dann geht meine Hand sofort dahin, immer. Und ich spüre die Gnade, nicht wahr? Das tut mir gut«, sagt der Papst. Und lächelt seinen verblüfften Priestern zu.

Sosehr mich dieser Papst mit seinen Überraschungen fasziniert: Manche Jubel-Arien scheinen mir unangebracht.

Alle paar Wochen »durchbricht« Franziskus angeblich wieder irgendeine Marke bei Twitter: 10 Millionen, 11 … 12 … 13. Und nie fehlt dabei der Hinweis, Benedikt XVI. habe seinerzeit weitaus weniger »Follower« gehabt, alles ein reines Franziskus-Phänomen.

Dagegen hilft nur Mathematik.

Abgesehen davon, dass Franziskus den Twitter-»Account« von Benedikt übernommen und sich seitdem wohl kaum eine nennenswerte Zahl von »Followern« wieder abgemeldet hat: Die knapp 3 Millionen Interessenten unter Benedikt XVI. kamen innerhalb von nur elf Wochen (vom 12.12.2012 bis 28.2.2013) zustande. Über 78 Tage verteilt ergibt sich daraus ein durchschnittlicher Zuwachs von 38.000 »Followern« am Tag.

In den folgenden knapp 13 Monaten gewinnt Franziskus 10 Millionen Neugierige dazu. Das sind im Schnitt etwa 25.000 am Tag.

Käme deswegen irgendjemand auf die Idee, von nachlassendem Papst-Interesse zu sprechen? Oder fragt gar jemand nach, warum mehr als 2 Millionen Christen in 50 Ländern Geld für die »Jesus-von-Nazareth«-Bücher von Joseph Ratzinger ausgegeben haben, weil in die kostenlosen 140-Zeichen-Botschaften eben nicht viel mehr Botschaft passt als in einen Glückskeks?

Besonders leicht machen es sich diejenigen, die ihre Porträts über den »Mann des Jahres 2013« (»Time«-Magazine) mit Sticheleien gegen den angeblich so erfolglosen Vorgänger spicken. Von einem »grantelnden Gelehrten«, der ihn an seinen Teenager-Albtraum »Edward mit den Scherenhänden« erinnere, schreibt der Autor des »Rolling Stone« in seiner Franziskus-Lobeshymne über Benedikt. Er kann ihn nie getroffen haben.

Im Gegenteil ist es so, dass langjährigen Beobachtern manches, wofür Franziskus viel Beifall einheimst, vertraut vorkommt. Für meine persönliche Jahrestagsbilanz suche ich dafür ein paar Beispiele zusammen, bei denen sich kaum erkennen lässt, welches Zitat von wem stammt.

»Wie viel Benedikt steckt im neuen Papst?«, lautet die BILD-Überschrift an diesem Tag. Vier Beispiele nach Schlagworten:

Rolle der Frau

»Wenn man sich die Kirchengeschichte ansieht, so ist die Bedeutung der Frauen – von Maria an über Monika bis herauf zu Mutter Teresa – so eminent, dass die Frauen das Bild der Kirche in vielerlei Hinsicht mehr prägen als die Männer. (…) Es gibt in Rom beispielsweise auch eine Kirche, in der auf keinem der Altarbilder auch nur ein einziger Mann zu sehen ist.« (Benedikt XVI., November 2010)

»Die Kirche kann nicht sie selbst sein ohne Frauen und deren Rolle. Die Frau ist für die Kirche unabdingbar. Maria – eine Frau – ist wichtiger als die Bischöfe.« (Franziskus, August 2013)

Missstände in der Kirche

»Wie oft feiern wir nur uns selbst und nehmen Jesus gar nicht wahr? Wie oft wird sein Wort verdreht und missbraucht? Wie wenig Glaube ist in so vielen Theorien, wie viel leeres Gerede gibt es? Wie viel Schmutz gibt es in der Kirche und gerade auch unter denen, die im Priestertum ihm ganz zugehören sollten? Wie viel Hochmut und Selbstherrlichkeit?« (Benedikt XVI., März 2005, noch als Kardinal, kurz vor seiner Wahl)

»Mir ist eine »verbeulte« Kirche, die verletzt und beschmutzt ist, weil sie auf die Straßen hinausgegangen ist, lieber, als eine Kirche, die aufgrund ihrer Verschlossenheit und ihrer Bequemlichkeit, sich an die eigenen Sicherheiten zu klammern, krank ist.« (Franziskus, November 2013)

Kirchen-Revolution

»Die Feindesliebe bildet den Kern der »christlichen Revolution«, einer Revolution, die nicht auf Strategien wirtschaftlicher und politischer Macht oder der Macht der Medien gründet. Die Revolution der Liebe, einer Liebe, die letztendlich nicht auf menschlichen Ressourcen beruht, sondern ein Geschenk Gottes ist, das man dann erhält, wenn man einzig und vorbehaltlos auf seine barmherzige Güte vertraut.« (Benedikt XVI., Februar 2007)

»Es gibt viele Revolutionäre in der Geschichte, es hat viele gegeben. Aber niemand hatte die Kraft dieser Revolution, die Jesus uns gebracht hat: eine Revolution, die die Geschichte verwandelt, eine Revolution, die das Herz des Menschen zutiefst verändert. (…) Wenn ein Christ in dieser Zeit nicht revolutionär ist, dann ist er kein Christ!« (Franziskus, Juni 2013)

Kirche und »Weltlichkeit«

»Die selige Mutter Teresa wurde einmal gefragt, was sich ihrer Meinung nach als erstes in der Kirche ändern müsse. Ihre Antwort war: Sie und ich! (…) Um ihrem eigentlichen Auftrag zu genügen, muss die Kirche immer wieder die Anstrengung unternehmen, sich von ihrer Verweltlichung zu lösen (…) Die von materiellen und politischen Lasten und Privilegien befreite Kirche kann sich besser und auf wahrhaft christliche Weise der ganzen Welt zuwenden, wirklich weltoffen sein.« (Benedikt XVI., September 2011)

»Die Weltlichkeit führt uns zu Eitelkeit, Hochmut und Stolz. Sie ist nicht Gott, sondern Götze, und der Götzendienst ist die größte Sünde. Es ist wahrhaft lächerlich, wenn ein Christ, ein wahrer Christ, ein Priester, eine Nonne, ein Bischof, ein Kardinal, ein Papst, die Straße dieser Weltlichkeit begehen wollen. Denn dieser Weg tötet! Er tötet die Seele, die Menschlichkeit und die Kirche! (…) Die Kirche, wir alle, müssen diese Weltlichkeit abstreifen.« (Franziskus, Oktober 2013)

Man kann daraus den Schluss ziehen, dass der Kirchenfrühling, den wir ohne Zweifel erleben, auch der Saat von Benedikt XVI. zu verdanken ist. Auch wenn der eine rote Schuhe getragen hat und der andere schwarze. Wer würde im Ernst außerhalb des Vatikans einem Argentinier und einem Bayern Mentalitäts- und Stilunterschiede vorwerfen bzw. sich über diese auch nur wundern?

Ein Satz von Erzbischof Gänswein fällt mir dazu wieder ein, der einmal über die Stilunterschiede in den Pontifikaten von Johannes Paul II. und Benedikt XVI. sagte: »Gott mag keine Kopien.«

Vier Päpste
für ein Halleluja

Zwischen Selig- und Heiligsprechung vergehen im Normalfall Jahrzehnte, gern sind es auch Generationen und Epochen. Und manchmal folgt auf Schritt eins (»Beatifikation«) überhaupt kein zweiter Schritt (»Kanonisierung«).

Im Fall von Johannes Paul II. vergehen nicht einmal drei Jahre zwischen der ersten und der höchsten »Ehre der Altäre«: Plötzlich soll aus dem Pontifex aus Polen, der noch lebte und amtierte, als halb Deutschland das Kinderlied vom Krokodil Schnappi vor sich hinsummte, ein Heiliger werden. War das nicht gestern? Jedenfalls nur ein Windhauch in der Geschichte.

»Santo subito« hatten Gläubige auf dem Petersplatz unmittelbar nach seinem Tod im April 2005 gefordert und Rrcht bekommen.

Bei allen in Deutschland viel zu wenig anerkannten Verdiensten von Johannes Paul II. für den Fall des Eisernen Vorhangs und trotz aller schönen Erinnerungen an die Volksfeststimmung bei der Seligsprechung 2011 in Rom: Mir persönlich geht das alles etwas zu schnell.

Da wird bis ins letzte Detail eine angebliche Wunderheilung in Costa Rica ausgeleuchtet, die der verstorbene Johannes Paul II. durch seine Fürsprache bei Gott bewirkt haben soll. Erst in diversen Vatikan-Kommissionen, dann in den Medien. Aber die Blitz-Heiligsprechung von Josemaria Escrivá de Balaguer (†1975), dem vor allem politisch umstrittenen Gründer des »Opus Dei«, durch Johannes Paul II., ist kein Thema mehr. Oder der nie erfolgte Bruch des Polen-Papstes mit Legionäre Christi-Gründer Marcial Maciel (†2008), der uneheliche Kinder zeugte und sich an mindestens zwei seiner Söhne sowie anderen Kindern verging.

Erst ein Schreiben von Benedikt XVI. im Jahr 2010 sollte dem Widerling »wirkliche Straftaten« bescheinigen sowie posthum ein »skrupelloses Leben ohne echten religiösen Sinn«. Die Vorwürfe waren unter Johannes Paul II. bereits bekannt gewesen.

Franziskus ist es, der dem Ereignis eine historische Note verleiht: An diesem Tag mit »Konzilsvater« Johannes XXIII. den zweiten heiß eliebten »Volkspapst« heiligzusprechen, in seinem Fall sogar auf den Nachweis eines zweiten Wunders zu verzichten, zeugt von großer Weitsicht.

»Il Papa buono« (»guter Papst«), wie die Italiener »ihren« Giovanni XXIII. bis heute in Italien nennen, stammte aus einfachsten Verhältnissen. Er umgab sich lieber mit seinesgleichen als mit grauen Eminenzen, die er mit seinen Fortschrittsideen mehr als einmal brüskierte.

Manche sehen gar eine Seelenverwandtschaft des ebenso beliebten wie beleibten Konzilsvaters zu Franziskus, der im ersten Jahr seines Pontifikats übrigens auch eine Konfektionsgröße zugelegt hat (eine italienische Zeitschrift erdreistete sich kürzlich gar, einen päpstlichen Diätplan für ihn zu drucken).

Warum ist dieser Schachzug mit der Doppel-Heiligsprechung so klug? Der Argentinier weiß, dass sich die Gräben zwischen Konservativen und Reformbefürwortern in den vergangenen 20 Jahren vertieft haben. Und er weiß, dass die Aufbrüche, die ihm vorschweben, nur dann eine Chance haben, wenn sie von beiden Flügeln mitgetragen werden. Franziskus setzt also auf eine dringend notwendige Aussöhnung, indem er am kirchenhistorisch wichtigsten Tag des Jahres 2014 sowohl den rechten als auch den linken Arm hebt.

Dass Benedikt XVI. noch einmal vor die Christenheit tritt, um beiden Vorgängern seinen Respekt zu zollen und bei der Messe des Jahres zu konzelebrieren, gibt diesem 27. April 2014 zusätzliche Strahlkraft: Wer hätte sich je vorstellen können, dass zwei Päpste auf dem Petersplatz gemeinsam eine Messe feiern? Wer darauf vor ein paar Jahren bei einem britischen Wettbüro gewettet hätte, wäre heute wahrscheinlich schon mit einem Pfund Einsatz Millionär.

Am »Tag der vier Päpste« wird Benedikt XVI. mit einem langen, warmen, sicher wohltuenden Applaus begrüßt. Er feiert die Messe nicht mit Franziskus am Altar, sondern unter den teils von ihm selbst kreierten Kardinälen. Gerade erst ist er von einer hartnäckigen Grippe kuriert, macht dafür einen sehr robusten Eindruck.

Der Hype in Rom hat in den Stunden vor dem Weltereignis nahezu bizarre Züge angenommen: Ein Johannes Paul II.-Doppelgänger posiert für Touristenfotos. Man kann ihn als lebensgroße Gipsfigur mit nach Hause nehmen. Plakate werben für ein Musical über das bewegte Leben des Polen-Papstes, der sich gegen das deutsche Nazi-Regime ebenso aufbäumte wie gegen die kommunistischen Machthaber in seiner Heimat. Großartiger Filmstoff, Karol

Wojtyla Superstar. Eine Million Pilger sind in der Stadt. Seit Wochen ist kein Zimmer mehr zu bekommen. Der Fernsehsender »Sky« überträgt zum ersten Mal eine Papst-Messe auch in 3D.

Nicht ganz geheuer scheint der Tag der Superlative Papst Franziskus zu sein. Jedenfalls hat er seine engsten Mitarbeiter angewiesen, es bei einer möglichst schlichten Liturgie zu belassen und auch nicht weniger auf die Kosten zu achten als an jedem anderen Tag im Jahr.

Als er später davon erfährt, dass Vatikan-Mitarbeiter ohne sein Wissen eine Art V.I.P.-Lounge auf einer Terrasse mit Petersplatz-Blick organisiert haben, wird er äußerst ungehalten reagieren. Zumal für die 150 Gäste – darunter TV-Startalker und Berlusconi-Kumpel Bruno Vespa – Buffet und Wein bereitstehen. Die heilige Kommunion gibt es zwischendurch auch.

Der Argentinier wirkt sehr ernst und konzentriert während der gesamten zwei Stunden des Gottesdienstes. Franziskus sagt, er sei sicher, dass Johannes Paul II. den Weg der Kirche »vom Himmel her begleitet und unterstützt«.

Schon zu Beginn der Messe hatte er seinen vor den Augen der Welt nicht länger verborgenen Vorgänger begrüßt. Zum Abschluss der Messe halten sich die beiden Päpste für einen anrührenden Moment noch einmal an beiden Händen fest.

Es ist der Moment, an dem ich ein drittes Mal innerlich Abschied nehme: Grazie, Benedetto. Und ganz generell: Grazie, Roma.

Wie erwartet packt mich jetzt wirklich der Abschieds-Blues. Die Tatsache, dass es irgendwann am frühen Abend wie aus Eimern zu regnen beginnt, macht es nicht besser.

Die Umzugskartons sind bereits in Berlin, die Familie auch. Die Seele wird doch hoffentlich mitkommen?

Wenigstens erwarten mich 1500 Auto-Kilometer nördlich 3 Grad mehr, behauptet das Smartphone. Ein Anruf in Berlin bestätigt es: Herrlichster Sonnenschein.

Aber was ist das nur für eine merkwürdige Stadt, in der bei einem Empfang der apostolischen Nuntiatur zum ersten Jahrestag der Wahl von Papst Franziskus zur späten Stunde sogar Gregor Gysi auftaucht?

Shalom
und Salam

Es gibt tatsächlich Zeitgenossen, die jede Ecke in Manhattan kennen, jede Tauchstelle am Great Barrier Reef und jede 15-Hütten-Insel zwischen Thailand und Bali. Die aber noch nie das Heilige Land bereist haben. Die nie in der Grabkammer Jesu knieten, nie an der Klagemauer, dem größten jüdischen Heiligtum, standen, nie mit offenem Mund vor der goldenen Kuppel des Felsendoms.

Die im Gegenzug – das ist ihr Vorteil – wahrscheinlich nie an den politischen Verhältnissen, dem Hass am Schnittpunkt der drei Weltreligionen, verzweifelt sind. Die am Ende durchdiskutierter Nächte nie so weit oder ganz nah dran waren, John Lennons »Imagine«-Vision (»... and no religion, too« ...) recht zu geben. Jedenfalls in Bezug auf Jerusalem, der »Stadt des Friedens«, die Papst Franziskus als Abschluss und Höhepunkt seiner dreitägigen Pilgerreise ins Heilige Land besuchen will. Und ich darf ihn begleiten.

Es ist eine mutige Entscheidung von Franziskus, die Respekt verdient. Denn die Reise könnte in vielerlei Hinsicht unter dem Motto stehen: »Du hast keine Chance, aber nutze sie.«

Denn nichts ist anders geworden hier seit meinem letzten Besuch vor sechs Jahren. Gewachsen ist nur das Misstrauen und der Fanatismus. Allein das armselige Gezerre unter den christlichen Kirchen um jeden Zentimeter und jede Minute Gottesdienstzeit in der »Anastasis«, der Grabes- und Auferstehungskirche, steht sinnbildlich für den Bruderzwist, für die Unfähigkeit zur Einheit, zur Ökumene. Sogar am heiligsten Ort der Christenheit.

Und was das Verhältnis der Weltreligionen anbelangt: Da reicht ein Blick vom Ölberg auf das zugemauerte Goldene Tor, durch das Jesus einst nach Jerusalem eingezogen sein soll. Jetzt soll die Mauer und der dahinter liegende muslimische Friedhof verhindern, dass der von den Juden noch sehnlichst erwartete Messias hier ankommen kann.

Eine Mauer baut derzeit auch der Staat Israel. Sie trennt u. a. Bethlehem, den Geburtsort Jesu, von Jerusalem, dem Ort der Auferstehung. Was für die Israelis Schutz vor dem Einsickern weiterer Selbstmordattentäter bedeutet, gibt im arabischen Westjordanland auch vielen Gemäßigten und Unbescholtenen, die nichts mit den erklärten Israel-Todfeinden der Hamas zu tun haben wollen, das Gefühl des Eingesperrtseins.

Die Mauer hindert auch die Christen beider Seiten daran, die Heiligtümer der jeweils anderen Seite zu besuchen. Allerdings scheint sich das Problem mittelfristig von allein zu lösen: 65 Jahre Nahost-Konflikt haben den Anteil der Christen in Israel grob von 30 auf 3 und in Bethlehem von 85 auf 12 Prozent reduziert.

Diejenigen, die den vielen alltäglichen Schikanen zum Trotz geblieben sind, spüren die zunehmende Aggressivität: »Tod den Arabern und Christen«, »Jesus ist ein Affe, Maria eine Kuh« – mit solchen Schmierparolen an christlichen Gebäuden versuchen rechte Hetzer aus der radikal-zionistischen Siedlerbewegung, die Stimmung für den Papstbesuch zu vergiften. In den Palästinenser-Gebieten sind Christen für muslimische Extremisten ohnehin Freiwild.

Rechte Spinner aus der Siedler-Ecke verteilen selbst noch während des Papstbesuchs hasserfüllte Flugblätter, zitieren das Alte Testament: »Ihr sollt ihre Altäre niederreißen und ihre Steinmale zerschlagen. Ihre Kultpfähle sollt ihr im Feuer verbrennen und die Bilder ihrer Götter umhauen« (Dtn 12,3). Damit wird das Verbrennen christlicher Kirchen und Klöster ausdrücklich gerechtfertigt. Wohlgemerkt von einer Minderheit in einem modernen, demokratischen Staat, der die derzeit einzige Hoffnung im Nahen Osten darstellt.

Auf den ersten Blick scheint das Programm der Reise, die in Amman (Jordanien) beginnt und über die Zwischenetappen Bethlehem und Tel Aviv nach Jerusalem führt, Franziskus zu überfordern. Aber dann zeigt der Besuch in Bethlehem, wie wichtig der Papst auch »die andere Seite« der Mauer nimmt: Abweichend vom Protokoll betet er in Bethlehem still an einem Checkpoint aus Stacheldraht und Beton, der umstrittenen Schutzmauer.

Während der Freiluftmesse auf dem Krippenplatz spricht er eine Einladung an Israels Präsidenten Schimon Peres und an Palästinenserpräsident Mahmud Abbas aus, zu einem baldigen Friedensgebet in den Vatikan zu kommen, um gemeinsam »ein intensives Gebet zu erheben, um von Gott das Geschenk des Friedens zu erflehen«. Eine kleine Sensation, denn das hatte es noch nie gegeben. Beide Politiker nehmen an.

Dann predigt Franziskus am Geburtsort Jesu über den Stellenwert der Kinder, die »den Gesundheitszustand einer Familie, einer Gesellschaft, der ganzen Welt« anzeigen. Der

Mensch habe die raffiniertesten Technologien entwickelt. Aber er verhindere nicht, dass Kinder »noch heute ausgebeutet, misshandelt, versklavt werden. Zu viele Kinder sind heute aus der Heimat vertrieben und auf der Flucht, manchmal in den Meeren untergegangen, besonders in den Fluten des Mittelmeers. Für all das schämen wir uns heute vor Gott – vor Gott, der ein Kind geworden ist.«

Kindern in einem palästinensischen Flüchtlingslager, das er zum Abschluss besucht, gibt er einen denkwürdigen Rat auf den Lebensweg mit: »Lasst nicht zu, dass die Vergangenheit euer Leben bestimmt. Schaut immer nach vorn. (…) Die Gewalt besiegt man nicht mit der Gewalt. Gewalt besiegt man mit Frieden.«

Und so verabschiedet sich Franziskus mit dem arabischen Wort für Frieden »Salam«.

Am nächsten Morgen stehe ich in einer langen Securitycheck-Schlange. Schon zum zweiten Mal: Am Vorabend hatte Franziskus den Patriarchen von Konstantinopel, Bartholomäus I., mit Vertretern anderer Konfessionen für ein gemeinsames Gebet in der Grabeskirche getroffen. »Schieben wir die Zaudereien beiseite und öffnen wir unser Herz«, sagte Franziskus. Für diese Friedensbotschaft musste nur leider die halbe Altstadt von Jerusalem gesperrt werden.

Nun sind wir im Garten des Präsidentenpalastes eingeladen. Vor seiner Begegnung mit Schimon Peres können die Berichterstatter die Rede von Franziskus in der Holocaust-Gedenkstätte Yad Vashem auf einer Videoleinwand mitverfolgen.

Seine in Frageform vorgetragene Ansprache wird zur Selbstanklage der Menschheit. Auf Italienisch sagt der Papst:

»Mensch, wer bist du? Ich erkenne dich nicht mehr.
Wer bist du, o Mensch, wer bist du geworden?
Zu welchem Gräuel bist du fähig gewesen?
Was hat dich so tief fallen lassen?«

Keine Bitte um Verzeihung, sondern ein Versprechen steht am Ende eines berührenden Gebets: »Niemals mehr, o Herr, niemals mehr!«

Am Ende ist es wieder eine Geste, die sich am tiefsten in die Erinnerung der Anwesenden einbrennt: Nicht die sechs Überlebenden des Holocaust, die dem Papst vorgestellt werden, küssen ihm die Hände, den Fischerring, wie es in Rom üblich ist. Sondern er ihnen. Vor ihm stehen mit ihren Lebensgeschichten: Avraham Harshalom, Chava Shik, Moshe Ha-Elion, Eliezer Grynfeld und Sonia Tunik-Geron. Und ein Mann namens »Joseph Gottdenker«. Ich muss an Benedikt XVI. denken.

Der Stolz auf seinen Nachfolger wächst weiter: Bevor sich der Heilige Vater in seiner politischsten Rede der Reise an Schimon Peres und an die Israelis wendet, findet er noch Zeit für Begegnungen mit krebskranken Kindern wie Jan (11), zu dem nach fünf Jahren die Leukämie zurückgekehrt ist. Der so stark wirkt, so tapfer, so unbesiegbar, obwohl seine Mutter sagt, dass schon in wenigen Stunden seine lebensentscheidenden Operation ansteht.

Mit feinem Instinkt nimmt Franziskus sich zurück, als Friedensnobelpreisträger Peres das Wort ergreift:

»Mein lieber Freund, ich war jung und nun bin ich alt«, sagt Peres zum Papst. »Ich habe gelernt, dass Träume NIE altern, und ich empfehle jedem meiner Kollegen, es genauso so zu halten.«

Peres betont, dass Frieden auf Basis zweier Staaten möglich ist: »Ein jüdischer Staat – Israel. Und ein arabischer Staat – Palästina.«

Franziskus mahnt in seiner Rede, Jerusalems einzigartigen Charakter zu wahren, Heiligtümer aller Religionen »in ihrem sakralen Charakter zu schützen«: »Die heiligen Stätten sind keine Museen oder Sehenswürdigkeiten für Touristen.«

Er verurteilt »Antisemitismus in all seinen möglichen Formen« sowie – im selben Atemzug – »Gewalt oder Äußerungen von Intoleranz gegen jüdische, christliche und muslimische Personen oder Kultstätten«.

Auf Präsident Peres setzt Franziskus auch nach dessen absehbarem Ausscheiden aus dem Amt Hoffnungen: Er nennt ihn einen »Mann des Friedens« und Friedensstifter, dessen Handeln er »bewundere«. Eine höchst ungewöhnliche Formulierung für einen Papst.

Franziskus' Gruß zum Abschied: das traditionelle »Shalom«: »Frieden über Israel und im ganzen Nahen Osten.«

Als der Papst bereits in der Luft ist auf dem Rückweg nach Rom erreicht mich ein Anruf: Brandanschlag auf die Kirche der deutschsprachigen Dormitio-Abtei auf dem Zionsberg. Das ist in unmittelbarer Nähe des Abendmahlsaales, wo Franziskus gegen den Protest der Radikalen seine Abschlussmesse gefeiert hat.

Das Gebäude liegt in unmittelbarer Nähe der Jerusalemer Altstadt und ist wohl das Konzentrat des unsäglichen Religionskonflikts: unten jüdisches Heiligtum, das angebliche Grab von König David. Im ersten Stock: die angebliche Stelle, an der Jesus mit seinen Jüngern das letzte Abendmahl gefeiert hat. Und darübergebaut: ein Minarett, Zeichen der jahrhundertelangen muslimischen Herrschaft über diese irgendwie für alle heiligen Steine. Gestritten wird hier an 365 Tagen im Jahr. Nur zweimal im Jahr dürfen Christen an diesem Ort Gottesdienst feiern.

Am nächsten Morgen stehe ich vor einem Berg verbrannter Holzkreuze, die die Benediktinerbrüder in ihrer Kirche gelagert hatten, vorgesehen als Geschenke für die Pilger. Nur durch das beherzte Eingreifen von vier Mönchen und einem Gast konnte eine nächtliche Katastrophe, ein Ausbreiten der Flammen, verhindert werden. Feuerwehr? Spurensicherung? Öffentlicher Aufschrei? Nächste Frage …

Das Schlimme ist die Beiläufigkeit, mit der Pater Nikodemus nach der Brandstiftung von täglichen Anfeindungen gegen Christen erzählt: »Wir sind einiges gewohnt«, sagt er. »Die Radikalen spucken vor uns aus, hinter uns aus. Einige spucken uns auch ins Gesicht. Aber das hier ist eine neue Dimension.«

Auf dem Heimflug muss ich an ein »U2«-Konzert vor einigen Jahren denken: Auf der Bühne leuchtete zu »Sunday bloody Sunday« der Schriftzug »Coexist« auf: mit dem »C« als Halbmond, dem »x« als Davidsstern und dem »t« als christlichem Kreuz. »Lebt doch einfach miteinander oder wenigstens friedlich nebeneinander. Oder versucht es zumindest.«

Ist das denn nach 5000 Jahren Zivilisation und Kulturgeschichte zu viel verlangt?

Und noch eine Frage beschäftigt mich …

Flüge von Deutschland nach Israel und zurück sind seit den Olympia-Attentaten von München 1972 mit einiger Extra-Geduld und -Zeitaufwand verbunden. Vor dem Check-in wird eine Befragung durch israelische Sicherheitsbehörden durchgeführt. Das kann man lästig finden. Oder man denkt zwei Sekunden länger darüber nach.

Dabei wird in Kurzform auch die eigene Biografie abgefragt. Ein durchaus nützlicher Impuls von Zeit zu Zeit, zu überlegen, was man so macht aus seinen Talenten, wofür man eigentlich steht und wer man ist.

Als ich dem Sicherheitsmann von meinen vier Jahren als Vatikan-Korrespondent erzähle, fragt er mit feiner Ironie: »Und Sie sind immer noch katholisch, ja?«

Wir lachen beide. Andererseits beschäftigt mich hinterher die Frage: Haben die Rom-Jahre mich in meinem Glauben tatsächlich bestärkt, die Allgegenwart der Kirche, die Bekanntschaft so vieler bereichernder Menschen? Oder hat mich die Nahperspektive auf Gottes fehlbares Bodenpersonal doch eher desillusioniert?

Es gibt keine endgültige Antwort darauf, außer diese: Der Satz, den mir ein international bekannter Vatikan-Repräsentant mal auf meine Frage nach dem Sinn des Treibens im Kirchenstaat gegeben hat, erscheint mir alles in allem glaubwürdig: »Im Prinzip geht es nur darum, diese Welt Tag für Tag ein bisschen besser zu machen.«

Welcher der Päpste sich die meisten Verdienste in dieser Hinsicht erworben hat? Wer unter welchem Aspekt auch immer versagt hat? Und ob es abseits der Sonntagsreden wirklich Hoffnungen für den Nahen Osten gibt, wo im Irak und in Syrien »Ungläubige« von Islamisten gekreuzigt werden, während Sie, liebe Leserin, lieber Leser, diese Zeilen lesen?

Darauf kann ich nur mit einem Satz antworten, den Franziskus während seiner ersten Flugzeug-Pressekonferenz gesagt hat:

»Chi sono io per giudicare« – »Wer bin ich, um das zu beurteilen?«

Danksagung

Grazie, amori miei: Sara, Letizia und Isabella.
Wie oft musste ich euch während der Entstehung dieses
Buchs alleine lassen! Es ist natürlich euch gewidmet.

Danke an diejenigen, denen ich Wurzeln und Werte
verdanke: meinen Eltern, Großeltern, Geschwistern,
Verwandten.

Danke an diejenigen, die mich in meiner Entwicklung
als Journalist geprägt und gefördert haben, durch ihr
Vorbild, ihren Rat, ihr Vertrauen.

Danke an die Korrespondentenkollegen in Rom. Wer
hätte sich je ein solches Maß an Kollegialität und Hilfs-
bereitschaft erträumen lassen?

Grazie Roma!

Gewidmet allen Menschen, die trotz allem noch an etwas
glauben!

Mit besonderem Dank an: Alexander V. (†), Silvia K.,
Bernd H., Daniel B., Michael K., Paolo P., Fiona E. &
Familie, Andrea B., Tilmann K., Thomas J., Christine S.,
Jörg B., Federico L., Angela A., Andrea G., Alessia G.,
Massimo C., Gerd D.-B., Gernot R., Stefan Sch.,
Leonie W., Roman E., Nai Wen C., Uschi S., Uwe G.,
Simon B., Gisela G., Ludwig R.-E., Edmund S., Georg G.,
Matteo B., Benedikt S., Alfred D., Kai D., Rolf H.,
Julian R., Karolina P., Britta F., Inga F., Lea F., Katja S.,
Dietrich M., André L., Katharina N., Walter M., Claus S.,
Hermann (†) & Manuel H., Ernst C. (†), Luise L.,
Stefan K., Elisabeth & Julia B., Tommy L., Reinhard K.,
Ingo L., Georg R., Agnes H. (†), Thaddäus K., Simone S.,
Alexander v. S., Nikolaus H., Matthias M., Ulf S.,
Christian V., Michael G., Wolfgang A., Johannes Sch.,
Paul B., Oliver-Tom R., Alfred M., Claudia D.,
Jürgen D., Claudia K., Karin S., Eugen K., Mascha K.,
Lee Elisabeth H.-L., Fiorella S., »Don« Thomas F.,
Julius M., Hans Z., Norbert H., Christian S.,
Roland S., Alois S., Ivan D. & »tutti i Francesi«,
Jürgen T., Peter B., Peter H., Jean-Louis D.,
Cindy W. und not to forget: Klaus S.